语料库语言学

CORPUS LINGUISTICS

2024 年　第 22 辑

许家金　主编

外语教学与研究出版社
FOREIGN LANGUAGE TEACHING AND RESEARCH PRESS
北京 BEIJING

图书在版编目 (CIP) 数据

语料库语言学. 2024. 第 22 辑 / 许家金主编. —— 北京：外语教学与研究出版社，2024. 12. —— ISBN 978-7-5213-5943-5

I. H03-55

中国国家版本馆 CIP 数据核字第 2024M4G782 号

语料库语言学 2024 第 22 辑

YULIAOKU YUYANXUE 2024 DI-22 JI

出 版 人	王 芳
责任编辑	赵 雪
责任校对	夏洁媛
封面设计	锋尚设计
出版发行	外语教学与研究出版社
社 址	北京市西三环北路 19 号（100089）
网 址	https://www.fltrp.com
印 刷	北京盛通印刷股份有限公司
开 本	787×1092 1/16
印 张	9.25
字 数	200 千字
版 次	2024 年 12 月第 1 版
印 次	2024 年 12 月第 1 次印刷
书 号	ISBN 978-7-5213-5943-5
定 价	60.00 元

如有图书采购需求，图书内容或印刷装订等问题，侵权、盗版书籍等线索，请拨打以下电话或关注官方服务号：
客服电话：400 898 7008
官方服务号：微信搜索并关注公众号"外研社官方服务号"
外研社购书网址：https://fltrp.tmall.com

物料号：359430001

记载人类文明
沟通世界文化
www.fltrp.com

《语料库语言学》

2024 年　第 11 卷　第 2 期

目　录

Corpus Linguistics

Volume 11, Number 2, 2024

Table of Contents

学术英语中"扩意词 + 形容词"的构式搭配分析及语义互动*

河南师范大学　刘国兵　北京航空航天大学　孙文青

提要：本研究基于英国学术书面语语料库（British Academic Written English, 简称 BAWE）考察"扩意词 + 形容词"（简称"扩意词"+ ADJ）构式在不同学科中的使用情况，尝试分析扩意词与搭配形容词间的语义互动机制。具体来说，本研究使用列联频次分析法考察扩意词在不同学科中的频数差异，并借助构式搭配分析法计算典型扩意词与形容词之间的搭配强度，之后采用对应分析对扩意词与共现形容词间的语义互动进行可视化描述。研究结果显示，出于相似的交际意图和共享的学术规约，"扩意词 + ADJ"构式具有一致性，但基于学科特有的信息呈现方式和语言策略，"扩意词 + ADJ"构式也因学科差异而呈现出多样性。本研究尝试揭示"扩意词 + ADJ"在学术英语中的使用特征，为扩意词与形容词之间的语义互动提供实证支持。

关键词：学术英语、扩意词、构式搭配、语义互动

1　引言

扩意词（amplifiers）作为一种量级副词，能够对语义强度进行个性化编码，强化语言主体的主观情感和认知体验（Bolinger 1972；Stefanowitsch & Flach 2016）。作为强化词（intensifiers）的一个子类，扩意词能够增强语义，向上标记被修饰成分的强度或程度（Quirk *et al.* 1985：589）。根据语义强度，扩意词可细分为极量词（maximizers）和高量词（boosters），分别表示最高程度和较高程度的量级。

Kennedy & McNally（2005）认为扩意词多用来修饰形容词，"扩意词 + 形容词"（简称为"扩意词 + ADJ"）能更精确地描述被修饰主体的属性程度。Athanasiadou（2007）和 Kamoen *et al.*（2011）也指出，扩意词能够对所修饰的形容词进行分级标量，"扩意词 + ADJ"可用来判断语义程度。在人际互动中，"扩意词 + ADJ"能够标记话语主体的情感态度或行为动作的强度，从而实现言语意图。在语篇中，"扩意

---

* 本文受河南省基础教育教师发展研究创新团队建设计划（〔2022〕41 号）、2025 年度河南省高校哲学社会科学创新团队支持计划"人工智能时代的语料库与语言大数据研究"（2025-CXTD-06）资助。刘国兵为本文通信作者。
作者贡献：
刘国兵：选题构思、研究方法、数据分析、讨论结论、字数占比（60%）、修改润色；
孙文青：选题构思、研究方法、数据收集、初稿撰写、字数占比（40%）。

词 + ADJ"能够帮助读者理解文本中事物性状的强弱程度，突出话语意义，增强互动性与参与性（Dorfmüller-Karpusa 1990：481）。

学术英语作为外语教学与研究的重要方向，以文本为切入点，可以通过实证描述构建目标话语共同体共享的特定语言特征、体裁资源和话语实践（姜峰 2022）。学术英语虽具有相似学术共识和话语规范，但每种学科根据其学科特点发展出特有的话语模式（Hyland 2015）。为探究不同学科话语共性与差异，本研究以"扩意词 + ADJ"构式为切入点，探索"扩意词 + ADJ"在不同学科语篇中构建学科知识的话语活动特征。具体来说，本研究参照 Quirk *et al.*（1985）的扩意词分类框架，以 8 个扩意词（4 个极量词：completely、extremely、perfectly、totally；4 个高量词：deeply、highly、much、severely）及搭配形容词为研究对象，通过语料库检索，系统分析学术英语中"扩意词 + ADJ"的搭配特点及语义互动机制，尝试揭示"扩意词 + ADJ"的语义特征与学科文化之间的关系。

2 文献综述

Paradis（1997：9-10）认为"扩意词 + ADJ"是强化表达最主要的方式之一。自 20 世纪 90 年代以来，基于语料库对"扩意词 + ADJ"进行描写已成为国外学界的普遍做法（邵斌等 2017）。与以往内省法（Bolinger 1972；Quirk *et al.* 1985）不同的是，语料库选取自然语言实例，其样本多、规模大、来源广的特点使得语言研究及其结论具有很强的客观性、普遍性与稳定性，所得结论不会轻易被否定（姜峰 2019：5）。借助于语料库的研究路径，黄莹（2016）从历时构式搭配角度出发，探究 absolutely 搭配形容词的语义趋向与语义韵。研究发现，与 absolutely 搭配的积极形容词比例在类符上明显上升。邵斌等（2017）基于 COCA 语料库，以 6 个扩意词为研究对象，采用构式搭配分析法（Stefanowitsch & Gries 2003）考察了英语"扩意词 + ADJ"之间的关联强度，并系统阐释其语义异同。上述研究探讨了扩意词的搭配形容词在共时和历时层面呈现出的语言特点。这些研究表明"扩意词 + ADJ"虽在形式上固化，但不同扩意词内部的修饰形容词也呈现出了多样发展和动态变化的特征。除语言本体分析外，"扩意词 + ADJ"在二语习得（Granger 1998；黄瑞红 2007）、社会语言学（Wagner 2017；Schweinberger 2021）和语言对比（刘慧丹、胡开宝 2014）等应用研究领域也取得了一定成就。

此外，扩意词在学术英语中的使用特征也是学界关注的热点之一。Yaguchi *et al.*（2010）基于美国专业英语口语语料库（Corpus of Spoken Professional American English，简称 CSPAE），以 very 和 real/really 为例，探究"扩意词 + ADJ"的使用特征。研究结果表明，在专业演讲中"very + ADJ"的使用频率更高，"real/really + ADJ"则很少出现。Wachter（2012）同样选取 very 和 really 为研究对象，基于密歇根学术口语语料库（Michigan Corpus of Academic Spoken English，简

称 MICASE）考察"扩意词 + ADJ"在不同学科中的使用情况。结果显示，受学科文化的影响，相较于软学科，硬学科更倾向使用"very + ADJ"。闫鹏飞（2020）基于自建语料库，探究材料科学这一特定学术话语中"程度副词 + 形容词"的语义和功能差异。此研究虽以程度副词为研究对象，但聚类分析结果显示，呈现强聚合的程度副词绝大多数为扩意词。这表明在材料科学学科中，"扩意词 + ADJ"为该构式的主要型式。

前人有关"扩意词 + ADJ"的研究虽取得了重要成果，但也存在一定不足。就研究对象而言，先前研究所选扩意词有限，如黄莹（2016）和邵斌等（2017）都只探讨了扩意词中的极量词，并未涉及高量词。Yaguchi *et al.*（2010）和 Wachter（2012）也仅关注了 very 和 really 二词。本研究认为，极量词和高量词虽都能加强语义，提升量级，但在实际使用中，扩意词内部也存在细微差异，只有对其范围内的成员进行全面分析，才能对扩意词得出客观翔实的认识。在学术英语研究中，以往学者多基于口语语料分析"扩意词 + ADJ"的搭配特征（Yaguchi *et al.* 2010；Wachter 2012），但 Biber *et al.*（1999：564）认为派生类扩意词（如 highly）多出现在书面语中。因此，本研究认为，"扩意词 + ADJ"在书面语语体中的使用特点具有一定研究价值，是不可忽略的分析视角。此外，在扩意词与搭配形容词间的语义呈现方式中，以往研究描述较为概括，多从语义韵入手，对形容词类型的划分也多局限于积极、中性和消极三类（黄莹 2016；邵斌等 2017），缺少对"扩意词 + ADJ"语义搭配互动机制的深入分析和系统理解。因此，本研究分别选取 4 个极量词和 4 个高量词作为研究对象，聚焦于"扩意词 + ADJ"在学术语篇中的分布特征，通过分析构式搭配进一步探究"扩意词 + ADJ"的语义互动模型与学科文化之间的关系。

3 研究设计

3.1 语料来源

本研究所用语料来源于英国学术书面语语料库（British Academic Written English Corpus，简称 BAWE）。该语料库总库容约为 650 万词，选取不同专业、年级本科生和硕士研究生的学术写作文章，每篇文章单词数在 500—5,000 词之间。该语料库虽选取本科生和硕士生的学术写作文章，但学生来自华威大学（University of Warwick）、雷丁大学（University of Reading）和牛津布鲁克斯大学（Oxford Brookes University）三所英国知名高校，学生的学术写作水平较高，每篇文章都经过专业评估（Heuboeck *et al.* 2010），因此具有一定代表性和专业性。有不少研究也使用 BAWE 语料库进行学术英语研究（王重等 2019；刘芹、可庆宝 2020）。该语料库包含人文艺术、社会科学、生命科学和物理科学 4 个学科。该语料库库容较大、学科分布均衡，具有较强的代表性和可比性，详细信息如表 1 所示。

表 1　英国学术书面语语料库构成情况

学科	子学科数量	文本数量	库容（形符）
人文艺术	9	705	1,714,118
社会科学	10	777	1,999,130
生命科学	6	683	1,412,391
物理科学	10	596	1,381,356
总计	35	2,761	6,506,995

3.2　研究方法

按照语义强度，Quirk *et al.*（1985：589）将扩意词分为极量词和高量词，并列举出了极量词和高量词具体成员（见表 2）。本研究依据表 2 所列词项，首先使用 LancsBox 6.0 在 BAWE 中检索"扩意词 + ADJ"序列，依据频数高低分别选取排名前 4 的极量词和高量词为研究对象。最终检索到 8 个扩意词，分别为极量词 completely、extremely、perfectly、totally 和高量词 deeply、highly、much、severely。

表 2　扩意词分类及成员（Quirk *et al.* 1985：590-591）

极量词	absolutely, altogether, completely, entirely, extremely, fully, perfectly, quite, thoroughly, totally, utterly
高量词	badly, bitterly, deeply, enormously, far, greatly, heartily, highly, intensely, much, severely, so, strongly, terribly, violently, well

确定研究对象后，本研究使用列联频次分析法（configural frequency analysis）考察"扩意词 + ADJ"的学科分布特征。Gries（2009：241）认为列联频次分析法具有预测性与检验性，既可以对比观测值和期望频数，合理预判构式里某一槽位的词汇偏好，又综合了卡方值和费舍尔精确检验 *p* 值，对数据进行显著性检验。依据列联频次分析法的分析结果，本研究采用构式搭配分析法（collostructional analysis）计算典型扩意词与形容词之间的搭配强度。具体来说，本研究使用多项特异共现词位分析法（multiple distinctive collexeme analysis）（Stefanowitsch & Gries 2003），比较扩意词与形容词槽位不同词项间的构式关联强度揭示不同扩意词之间的搭配差异及形容词偏好。该方法不受语料分布模式和数值大小的限制，且借助费舍尔精确检验可更为精确地计算出词汇间的吸引程度（左姗、李福印 2020）。

此外，本研究还将统计数据进行可视化分析。首先，借助 LancsBox 6.0

（Brezina *et al.* 2021）的中 GraphColl 工具，将扩意词与高频搭配形容词进行可视化描述，用于考察"扩意词＋ADJ"在学术英语中的整体分布特征。其次，本研究以形容词语义分类结果为基础进行对应分析。对应分析作为一种多元统计分析方法，不仅可以展示不同变量间的差异，而且能将变量的比例结构以点的形式在二维空间中表示出来。本研究用此方法考察扩意词与形容词之间的语义选择。

4　结果与讨论

4.1　"扩意词＋ADJ"的整体分布

本研究使用 LancsBox 6.0 在 BAWE 中检索"扩意词＋形容词"序列，总共获得"completely＋ADJ"312 个、"extremely＋ADJ"557 个、"perfectly＋ADJ"127 个、"totally＋ADJ"96 个、"deeply＋ADJ"41 个、"highly＋ADJ"758 个、"much＋ADJ"991 个、"severely＋ADJ"14 个。整体来看，相较于"高量词＋ADJ"，"极量词＋ADJ"间的频数差异较小，相对平均。"much＋ADJ"在学术英语中使用频数最多，"severely＋ADJ"使用频数最少。8 个扩意词与其高频形容词的具体搭配情况如图 1 所示。由于"扩意词＋ADJ"频数相差较大，高频形容词频数标准不一，本研究按照"扩意词＋ADJ"频数高低设置"totally＋ADJ""deeply＋ADJ""severely＋ADJ"最低频次为 2；"completely＋ADJ""extremely＋ADJ""perfectly＋ADJ"最低频次为 5；"highly＋ADJ"最低频次为 10；"much＋ADJ"最低频次为 20。

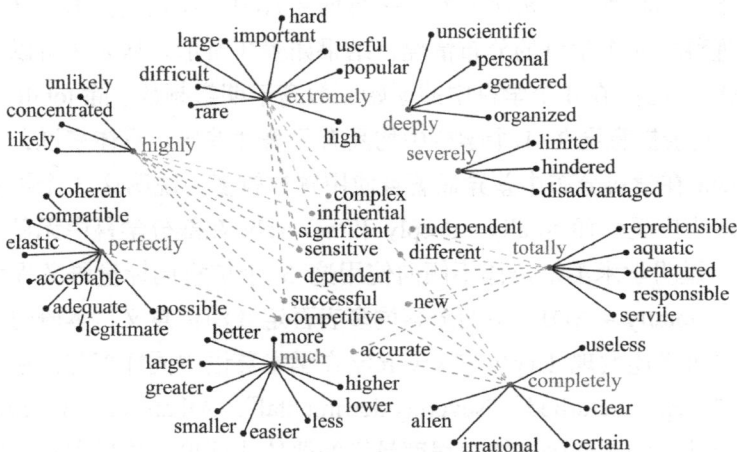

图1　8个扩意词的高频形容词搭配情况

由图 1 可知，deeply、severely 和 much 与其他扩意词无共享高频形容词。原因可能在于 deeply 和 severely 本身的高频搭配形容词较少，而 much 的高频搭配形容词均为形容词比较级，这与闫鹏飞（2020）的发现一致。Huddleston & Pullum（2002：548）和 Dixon（2005：425）认为，much 修饰的形容词一般为具有等级属性的比较级，这符合 much 作为扩意词的特点。其中 highly 与 extremely 共享 5 个形容词，分别为 complex、influential、significant、sensitive 和 successful；totally 与 completely 同样共享 5 个形容词，包括 independent、different、new、accurate 和 dependent。共现词的重复程度表征扩意词间的相似程度（邵斌等 2017），由图 1 可知，highly 与 extremely、totally 与 completely 共享的高频形容词最多，说明这些扩意词间相似度较高。值得注意的是，虽然 highly 与 extremely 相似度高，但两者属于极量词与高量词两个不同范畴。事实上，扩意词内部虽分为极量词与高量词，但两者间具有一定复杂性和模糊性，相互间界限并非泾渭分明，在实际使用中的情况远比以上分类复杂得多（郭鸿杰、管新潮 2016）。此外，highly、totally 与 completely 三者共享形容词 dependent；extremely、totally 与 completely 三者共享形容词 different。学术写作需要明示逻辑结构，列清推理步骤，"扩意词＋dependent"能够凸显小句间逻辑关系，使行文逻辑脉络清晰，这可能是 dependent 与扩意词高频共现的原因之一。除此之外，学术英语中使用"扩意词＋different"可以加重语义，增强语势，明示对比关系，表明作者态度立场，强调作者的研究重点及学术价值。扩意词与 dependent 和 different 的高频搭配在一定程度上反映出学术群体共享的特定表述方式和语言策略。

4.2 "扩意词＋ADJ"的学科分布

本研究使用列联频次分析法考察"扩意词＋ADJ"在人文艺术、社会科学、生命科学和物理科学 4 个学科的分布情况，结果如表 3 所示。从表 3 可以看出，多数"扩意词＋ADJ"搭配在 4 个学科中的原始频数高于期望频数。除 totally、deeply 和 severely 外，其余扩意词在 4 个学科中均具有显著性差异。具体来说，extremely、highly 和 much 在学科分布中差异显著且使用频数较多，说明这 3 个扩意词在学术英语中使用较为广泛。而 totally、deeply 和 severely 在部分学科中无显著差异且使用频数较少，说明学术英语语体不倾向使用这 3 个扩意词标量语义程度。邵斌等（2017）认为"totally＋ADJ"中的形容词多表否定或消极意义，本研究与其发现一致。此外，本研究还发现 deeply 和 severely 在学术英语中同样多与消极意义的形容词共现，如"deeply disturbed""severely detrimental"。Athanasiadou（2007）认为扩意词具有主观性，表明话语主体对程度量级的评估或评价，体现主观取向。在学术英语中，作者较多使用积极类形容词描述学术发现或评价学术价值，因此较少使用 totally、deeply 和 severely。

表3 8个"扩意词+ADJ"的学科分布情况

扩意词	人文艺术			社会科学			生命科学			物理科学		
	原始频数	期望频数	χ^2	原始频数	期望频数	χ^2	原始频数	期望频数	χ^2	原始频数	期望频数	χ^2
completely	157	47	30.20***	60	24	61.09***	41	19	30.20***	54	20	64.96***
extremely	137	33	755.08***	148	24	740.58***	137	21	755.08***	135	21	700.35***
perfectly	49	16	21.53***	44	11	115.22***	14	5	21.53***	20	7	26.08***
totally	40	10	0.98***	25	9	30.91***	7	5	0.98	24	8	40.39***
deeply	30	11	1.29***	7	8	0.15	2	1	1.29	2	1	0.47
highly	218	6	479.86***	283	71	737.15***	144	31	479.86***	113	27	328.19***
much	230	114	367.94***	249	107	218.85***	192	62	367.94***	320	8	600.17***
severely	6	5	0.043	3	5	1.16	4	4	0.04	1	2	0.24

注：***表示 p 值 < 0.001

　　表4展示了8个"扩意词+ADJ"在不同学科间的频数差异及软硬学科间的对数似然率。由表4可知，总体上"扩意词+ADJ"在软学科（人文艺术、社会科学）中的使用频数高于硬学科（生命科学、物理科学），除"severely+ADJ"外，其余扩意词在软硬学科间差异显著。这说明在一定程度上"扩意词+ADJ"的使用受到学科属性的影响。软学科多依赖文字进行推理演示，构建推理策略，阐明观点或传递思想。因此在思辨论证的过程中较多使用"扩意词+ADJ"表达作者的态度、情感，说服读者相信自己的研究。而硬学科多依赖实验数据构建知识体系，更偏向以图表、公式等阐明观点。Beltrama（2018）认为扩意词不仅可以对命题内容进行分级，还能将话语主体的认知态度与命题内容联系起来。硬学科因其学科特性，多呈现具体数据以增强客观性和严谨性，尽可能减少个人认知对研究可信度的影响。因此，为了提高研究的说服力，硬学科较少使用"扩意词+ADJ"这类带有主观色彩的语言资源。

表4 8个"扩意词+ADJ"的学科频数分布及对比数据

扩意词	学科				对数似然率
	人文艺术	社会科学	生命科学	物理科学	软硬学科间
completely	157	60	41	54	20.58***
extremely	137	148	137	135	−7.84**

（待续）

（续表）

扩意词	学科				对数似然率
	人文艺术	社会科学	生命科学	物理科学	软硬学科间
perfectly	49	44	14	20	14.27***
totally	40	25	7	24	4.57*
deeply	30	7	2	2	22.06***
highly	218	283	144	113	25.83***
much	230	249	192	320	−30.48***
severely	6	3	4	1	0.30

注：*表示显著性$p < 0.05$；**表示显著性$p < 0.01$；***表示显著性$p < 0.001$

　　此外，根据对数似然率，只有扩意词 much 和 extremely 的数值为负数，说明"much + ADJ"和"extremely + ADJ"在硬学科中使用频率高于软学科。进一步观察硬学科中 much 和 extremely 的搭配形容词发现，这些形容词多表高低（high/low）、多少（more/rare）、大小（large/small）、结构形状（complex/hard/milder）等描述物质状态的词汇。硬学科研究多涉及对物质结构和材料特性的描写，因此在分析实验结果时多使用描述物质状态的形容词，如例（1）和例（2）。

　　（1）A flew in most studies is that the sample sizes tend to be **extremely small** thus causing issues of generalisation（LS）

　　（2）This will give **much higher** power outputs, and so the cost of energy produced by the array is lower than that from an amorphous cell array…（PS）

　　进一步对比软学科内部发现，人文艺术和社会科学间差异显著（$LL = 18.71$，$p < 0.001$）。人文艺术使用"completely + ADJ"（$LL = 61.14$，$p < 0.001$），"totally + ADJ"（$LL = 6.18$，$p < 0.05$）和"deeply + ADJ"（$LL = 19.16$，$p < 0.001$）频率更高。原因可能在于人文艺术多包含纯理型学科，如语言学和历史学，而社会科学包含较多应用型学科，如商学和经济学。相较于应用软学科，纯理软学科多以论辩和评价呈现学科知识，研究多建立在逻辑推理和文字阐述上，倾向使用不同语言策略呈现学科内容，因此使用"扩意词 + ADJ"的频率更高，类别更广。同样在硬学科内部，物理科学和生物科学之间存在显著差异（$LL = 16.56$，$p < 0.001$）。物理科学使用"totally + ADJ"（$LL = 10.24$，$p < 0.01$）和"much + ADJ"（$LL = 35.25$，$p < 0.001$）频率更高。进一步观察物理科学中的子学科发现，这些子学科多数为应用型学科，如电子控制、工程学和气象学。而生命科学包含的子学科大多为纯理型学科，如生物科学和健康学。应用硬学科研究涉及更多有关实验过程和操作步骤的表达，因此更加依赖于"扩意词 + ADJ"，以描写实验观察，记录方法流程。

可以看出，"扩意词 + ADJ"的学科偏向或内部词汇共选偏好在一定程度上遵循 Sinclair（1991：110）的"习语原则"（the idiom principle）。开放性原则（the open choice principle）为话语主体提供了数量庞大且复杂的语言选择，但在实际使用中语言选择不是随意的。语体特征影响语言组织，这些从众多具体语言用例中概括出来的语言形式还可以作为模板创生出新的用法（牛保义 2021）。这使得扩意词与形容词的互选在不同学科之间以及学科内部存在差异，进而表现出学科偏好，营造出独特的学科风格。物理科学和人文艺术的使用偏好反映出两类学科不同的知识建构和话语实践方式。受学科属性的影响，学科的语言选择遵循特有的修辞策略和研究路径，进而创造出独特的语言表达，表现出专门化的语言风格。

4.3 "扩意词 + ADJ"的语义特征分析

构式是形式和意义的配对体，"形式"是指构式需满足在句法和音位上的条件，"意义"是指构式需满足在语义和语用上的条件（Lakoff 1987：467）。构式的句法条件和语义、语用条件之间存在对应关系，但这种形义对应关系不是任意的，构式的句法形式在很大程度上取决于语义和语用条件（牛保义 2011：64）。在"扩意词 + ADJ"中，构式内部成分虽有不同，但意义却相互关联（Paradis 2001）。为探究扩意词与形容词在学术英语中的双向关联，辨析不同学科中"扩意词 + ADJ"的搭配差异，本研究使用多项特异共现词位分析法考察每个扩意词与相应形容词间的关联强度。由于 totally、deeply 和 severely 并非在每个学科中具有显著性差异，本研究以其余 5 个扩意词（highly、completely、extremely、perfectly、much）中的前 20 个高频形容词为考察对象。表 5 展示了不同学科中与"扩意词 + ADJ"关联强度最高的前 10 个形容词。

表 5　与扩意词显著搭配的前 10 位形容词

| 学科 | highly | | completely | | extremely | | perfectly | | much | |
	ADJ	pbin	ADJ	pbin	ADJ	pbin	ADJ	pbin	ADJ	pbin
软	unlikely	26.70	different	55.63	difficult	37.23	competitive	15.20	more	154.79
	competitive	16.81	alien	9.58	important	27.04	coherent	9.03	greater	36.52
	influential	15.03	irrational	8.04	useful	11.01	acceptable	8.68	less	29.86
	significant	14.51	subservient	6.20	influential	7.46	legitimate	5.96	easier	25.74
	concentrated	13.33	contrasting	6.17	low	7.11	mobile	5.54	larger	22.13
	likely	13.32	destroyed	6.13	sadistic	6.96	divisible	5.44	higher	21.89
	important	10.38	accurate	4.57	popular	6.03	inelastic	5.28	better	19.47

（待续）

（续表）

学科	highly		completely		extremely		perfectly		much	
	ADJ	pbin	ADJ	pbin	ADJ	pbin	ADJ	pbin	ADJ	pbin
软	qualified	10.17	dependent	4.40	rare	5.34	conceivable	4.70	harder	17.41
	complex	9.21	innocent	4.00	dangerous	4.30	elastic	4.30	lower	16.63
	controversial	8.19	unfamiliar	3.30	scientific	4.00	compatible	3.52	wider	16.41
硬	toxic	13.96	different	13.38	difficult	21.82	elastic	8.25	greater	58.93
	homologous	13.00	accurate	5.34	important	21.06	competitive	5.27	higher	58.67
	contagious	9.84	sequenced	4.52	high	16.03	inelastic	4.92	smaller	55.44
	reactive	9.83	useless	4.40	useful	14.75	conducting	4.59	larger	47.89
	directional	9.79	blind	4.00	sensitive	6.61	adequate	3.40	lower	37.02
	productive	7.42	dry	4.00	hard	5.54	straight	3.22	easier	23.79
	unstable	7.01	new	3.52	beneficial	5.18	concentric	2.85	more	17.65
	motivated	6.95	confident	3.22	rare	5.14	homogenous	2.64	shorter	17.65
	sensitive	6.76	unrestricted	3.10	breathless	5.08	sanitary	2.64	better	17.49
	influential	6.67	sunken	2.92	valuable	5.00	linear	2.43	less	14.02

注：pbin 值若大于 1.30，相当于对应的 p 值小于 0.05，说明该扩意词与形容词为显著搭配。

从表 5 可以看出，much 的显著共现形容词在软硬学科中重复度最高，这 7 个重复形容词分别为 more、greater、less、easier、larger、higher 和 better。extremely 和 completely 次之，共现形容词重复频数分别为 4（difficult、important、useful、rare）和 2（different、accurate）。highly 和 perfectly 的共现形容词重复度最低，均仅有一词重复，分别为 competitive 和 influential。进一步观察 much 的显著共现形容词发现，虽然形容词在软硬学科中重复率最高，但"much＋ADJ"所修饰的对象却不同。在硬学科中，"much＋ADJ"多用于分析实验材料特性或呈现实验结果；在软学科中，"much＋ADJ"多用于阐述观点、表达学术立场或彰显作者主观态度。

构式作为一个抽象性、表征性的象征集合，允许特定词语进入，形成约定俗成的语言表达式（王寅 2011：37）。除 much 外，其余 4 个扩意词在软硬学科中的重复形容词均为认知或评价性形容词。学术写作涉及构建学术立场和身份、阐明学术观点以及彰显研究价值等内容，因此作者在学术写作中多使用认知评价类语言资源标记立场判断，扩展话语空间。这些形容词相同的语义特性反映出形义协同作用下构式的约定俗成性及学术英语的话语规约性。

Athanasiadou（2007）指出，扩意词虽在发展过程中有语法化趋势，但除句法功能外，扩意词还保留了部分语义特征，其本身词汇义在一定程度上影响搭配形容词的选择。也就是说，扩意词的词汇化程度越高，其搭配形容词的选择范围就越小，数量就越少；扩意词的词汇化程度越低，其共现形容词的选择范围就越大，数量就越多。在硬学科中，highly 与 toxic 为显著搭配（pbin = 13.96），这在一定程度上受到 highly 词汇义的影响。人们通常使用量词"高"和"低"（high/low）标记物质的浓度属性，所以从 highly 与 toxic 的语义特征就可以看出两者间有较强的互选性。这也导致一些扩意词的搭配形容词不能互换。比如，相较于 highly toxic，我们极少使用 perfectly toxic。从形容词 perfect 的语义可以看出，扩意词 perfectly 多搭配积极义的形容词，所以 perfectly 无法准确标记 toxic 的浓度等级，不能传递 highly 所表达的语言效果。

为考察"扩意词 + ADJ"的搭配倾向和共现形容词在学术英语中的语义特性，本研究参考 Sinclair（1998）和 Dixon（2005）的形容词分类框架，对所有与扩意词共现的形容词进行语义分类。共现形容词大致分为 8 类，分别为重要性类、可能性类、品质类、度量类、材料类、思政类、异同类和认知类。各扩意词与搭配形容词语类共现频数如表 6 所示。

表6 8个扩意词与搭配形容词语类共现频数表

语义类别	highly	completely	extremely	perfectly	much	totally	deeply	severely
重要性类	60	3	70	0	3	2	2	0
可能性类	40	8	10	6	3	1	0	0
品质类	231	108	279	46	191	31	21	11
度量类	4	6	79	9	668	2	0	0
材料类	81	14	16	14	8	7	3	0
思政类	46	2	11	2	11	2	8	0
异同类	15	79	3	0	6	13	0	0
认知类	273	88	59	46	81	36	6	3
总计	750	308	527	123	971	94	40	14

为更直观呈现形容词与扩意词的搭配偏好，本研究采用对应分析将形容词与扩意词的对应关系转化成二维坐标轴上的点，进行可视化分析。本研究将形容词语类与扩意词的共现频数导入 R 语言，借助 ca 程序包绘制对应分析图。图中两点间距离越近，表示两者相似程度越高或共现频率越高；两点间距离越远，表示两者相似程度越低或共现频率越低。R 语言绘制结果如图 2 所示。从图 2 可以看出，第一维

度（横坐标）可解释 65.3% 的总惯量，第二维度（纵坐标）可解释 21% 的总惯量。两个维度总和接近总惯量的 86.3%，解释力较为充分。

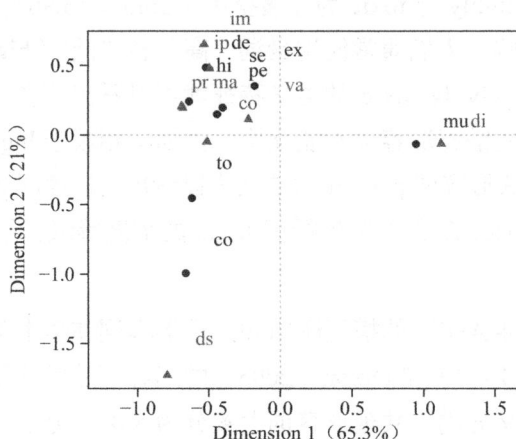

注：hi、co、ex、pe、mu、to、de、se 分别代表扩意词 highly、completely、extremely、perfectly、much、totally、deeply 和 severely；im、pr、va、di、ma、ip、ds、co 分别代表重要性类、可能性类、品质类、度量类、材料类、思政类、异同类、认知类语义类别。

图 2　"扩意词 + ADJ"对应分析

根据图 2 的象限位置，8 个扩意词可大致分为三类：highly、extremely、perfectly、deeply 和 severely 归为一类；completely 和 totally 同为一类；much 属单独一类。这表明 highly、extremely、perfectly、deeply 与 severely 之间整体上相似度较高，而 completely 与 totally 相似度较高。much 较为独特，与其他扩意词相似度较低。Firth 大致将搭配分为"通用搭配"（general or usual collocation）和"限制性的技术或者个性搭配"（more restricted technical or personal collocation）两类（甄凤超 2019：9）。"扩意词 + ADJ"在学术英语中的使用体现了 Firth 的两种搭配类型，例如 highly 和 much 在学术英语中的分布可表现为"限制性的技术或者个性搭配"。具体来说，deeply 多与重要性类和思政类形容词搭配，在人文艺术学科中使用较多。much 多与度量类形容词搭配，描述事物的物理属性，多出现在物理科学学科中。有些扩意词则体现出"通用搭配"的特征，如 perfectly、extremely 和 severely 多与品质类形容词搭配来描述主体评价或研究价值，但 perfectly 更倾向积极正面品质形容词，而 severely 更倾向消极负面品质形容词。totally 多与认知类形容词搭配，体现主体对事物的识解程度，如 totally unacceptable。completely 多用于对比事物间的异同，强调事物间的异同差距。而 highly 多关注事物的可能性和材料特性，如 highly significant、highly acidic，既体现了"通用搭配"，又符合"限制性的技术或者个性搭配"。由此可见，学术英语不是完全脱离日常语言的，而是通用语言与抽象隐喻性语言的结合（Fang 2017）。通用搭配反映了学术话语共同体秉持的语言使用习惯、话语形式及约定俗成的语言选择，而限制性的技术或者个性搭配则表现出学术英语内部特定学科的语言使用倾向，是学科因素影响下的创造性表达。

5 结语

本研究基于语料库数据，采用构式搭配分析法考察了"扩意词＋ADJ"在学术英语中的使用情况。具体来说，本研究首先可视化地描述了8个扩意词与高频搭配形容词在学术英语中的整体分布特点。其次，本研究使用列联频次分析法分析了扩意词在不同学科中的使用异同，又通过多项特异共现词位分析法量化考察了显著关联的"扩意词＋ADJ"在软硬学科中的搭配情况。最后将与扩意词共现的形容词进行语义分类，通过对应分析，呈现扩意词与形容词之间的互选特征。

本研究发现：（1）在"扩意词＋ADJ"的整体分布上，highly 与 extremely、totally、completely 共享的高频形容词最多，说明 highly 与 extremely、totally、completely 相关度较高；（2）在"扩意词＋ADJ"的学科分布上，只有 totally、deeply 和 severely 在部分学科中无显著性差异，学术英语偏好使用 highly、completely、extremely、perfectly 和 much 建构程度意义；（3）在"扩意词＋ADJ"的语义特征上，deeply 多搭配表重要性和思政性形容词，highly 多与表示可能性或材料类形容词连用，perfectly、extremely 和 severely 多与品质类形容词共现，much 较为独特，常与表示度量的形容词比较级搭配。

本研究对学术英语中"扩意词＋ADJ"的考察表明，"扩意词＋ADJ"在学术英语中有相似的使用倾向，但不同学科间也存在搭配差异。构式的意义参数决定其形式参数，因此，相对来说，一些语法规则有文化和概念系统的选择性（牛保义 2011：65）。学术话语中扩意词与形容词的语义范畴是影响两者互选的重要因素。基于约定俗成的学术共识，扩意词与相对固定的形容词类型匹配；基于学科间不同的话语基调与意义趋向，"扩意词＋ADJ"也呈现出不同的组合方式。

参考文献

ATHANASIADOU A. On the subjectivity of intensifiers [J]. Language Sciences, 2007, 29(4): 554-565.

BELTRAMA A. Totally between subjectivity and discourse: exploring the pragmatic side of intensification [J]. Journal of Semantics, 2018, 35(2): 219-261.

BIBER D, JOHANSSON S, LEECH G, et al. Longman grammar of spoken and written English [M]. London: Longman, 1999.

BOLINGER D. Degree words [M]. The Hague: Mouton, 1972.

BREZINA V, WEILL-TESSIER P, MCENERY A. #LancsBox v. 6 [CP/OL]. 2021. http://corpora.lancs.ac.uk/lancsbox.

DIXON W. A semantic approach to English grammar (2nd Edition) [M]. Oxford: Oxford University Press, 2005.

DORFMÜLLER-KARPUSA K. Intensity markers: a text analysis [J]. Journal of Pragmatics, 1990, 14(3): 476-483.

FANG Z. Academic language and subject area learning [C]//HINCHMAN K, APPLEMAN D. Adolescent literacies: a handbook of practice-based research. New York: Guilford, 2017: 323-340.

GRANGER S. Prefabricated patterns in advanced EFL writing: collocations and formulae [C]//COWIE A. Phraseology: theory, analysis, and applications. Oxford: Oxford University Press, 1998: 145-160.

GRIES S. Statistics for linguistic with R: a practical introduction [M]. Berlin: Mouton de Gruyter, 2009.

HEUBOECK A, HOLMES J, NESI H. The BAWE corpus manual [EB/OL]. http://www.coventry.ac.uk/research/research-directories/current-projects/2015/britis h-academic-written-english-corpus-bawe/, 2010.

HUDDLESTON R, PULLUM G. The Cambridge grammar of the English language [M]. Cambridge: Cambridge University Press, 2002.

HYLAND K. Genre, discipline and identity [J]. Journal of English for Academic Purposes, 2015, 19: 32-43.

KENNEDY C, MCNALLY L. Scale structure, degree modification, and the semantics of gradable predicates [J]. Language, 2005, 81(2): 345-381.

KAMOEN N, HOLLEMAN B, NOUWEN R, et al. Absolutely relative or relatively absolute? The linguistic behavior of gradable adjectives and degree modifiers [J]. Journal of Pragmatics, 2011, 43(13): 3139-3151.

LAKOFF G. Women, fire and dangerous things: what categories reveal about the mind [M]. Chicago: Chicago University Press, 1987.

PARADIS C. Degree modifiers of adjectives in spoken British English [M]. Lund: Lund University Press, 1997.

PARADIS C. Adjectives and boundedness [J]. Cognitive Linguistics, 2001, 12(1): 47-65.

QUIRK R, GREENBAUM S, LEECH G, et al. A comprehensive grammar of the English language [M]. London: Longman, 1985.

SCHWEINBERGER M. Ongoing change in the Australian English amplifier system [J]. Australian Journal of Linguistics, 2021, 41(2): 166-194.

SINCLAIR J. Corpus, concordance, collocation [M]. Oxford: Oxford University Press, 1991.

SINCLAIR J. Collins COBUILD grammar patterns 2: nouns and adjectives [M]. New

York: Harper Collins Publishers, 1998.

STEFANOWITSCH A, GRIES S. Collostructions: investigating the interaction of words and constructions [J]. International Journal of Corpus Linguistics, 2003, 8(2): 209-243.

STEFANOWITSCH A, FLACH S. The corpus-based perspective on entrenchment [C]// SCHMID H. Entrenchment and the psychology of language learning: how we reorganize and adapt linguistic knowledge. Berlin: Walter de Gruyter, 2016: 101-128.

WACHTER A. Semantic prosody and intensifier variation in academic speech [D]. Michigan: University of Michigan, 2012.

WAGNER S. Totally new and pretty awesome: amplifier-adjective bigrams in GloWbE [J]. Lingua, 2017, 200: 63-83.

YAGUCHI M, IYEIRI Y, BABA Y. Speech style and gender distinctions in the use of very and real/really: an analysis of the Corpus of Spoken Professional American English [J]. Journal of Pragmatics, 2010, 42(3): 585-597.

郭鸿杰，管新潮. 英语强化词变异与变化研究——百年回眸与展望[J]. 外语电化教学，2016（5）：14-20.

黄瑞红. 中国英语学习者形容词增强语的语义韵研究[J]. 外语教学，2007（4）：57-60.

黄莹. 强化词 "absolutely" 搭配构式语义趋向与语义韵的历时变异[J]. 西安外国语大学学报，2016（2）：39-43.

刘慧丹，胡开宝. 基于语料库的莎士比亚戏剧汉译中强化/弱化实证研究——以程度副词为例[J]. 外语教学，2014（2）：94-98.

刘芹，可庆宝. 数据驱动学习在学术英语词汇教学中的应用[J]. 当代外语研究，2020（1）：58-67.

牛保义. 构式语法理论研究[M]. 上海：上海外语教育出版社，2011.

牛保义. 试析体认语言学的核心原则[J]. 天津外国语大学学报，2021（1）：26-35.

邵斌，王文斌，黄丹青. 英语强化词的构式搭配分析及其可视化研究[J]. 外语教学与研究，2017（3）：379-391.

姜峰. 语料库与学术英语研究[M]. 北京：外语教学与研究出版社，2019.

姜峰. 近四十年国内外学术英语研究：主题与进展[J]. 外语教学与研究，2022（3）：413-424.

王重，樊葳葳，方称宇. 学术英语中因果类话语标记语的使用——基于语料库的研究[J]. 中国 ESP 研究，2019（1）：66-81.

王寅. 构式语法研究（上卷）[M]. 上海：上海外语教育出版社，2011.

闫鹏飞. 学术话语中 "程度副词＋形容词" 的范畴关系及搭配构式分析[J]. 西安外国语大学学报，2020（3）：22-26.

甄凤超. 语料库驱动的短语配价型式研究[M]. 上海：上海交通大学出版社，2019.

左姗，李福印. 基于语料库的英语减弱词辨析[J]. 山东外语教学，2020（5）：31-44.

通信地址： 453007　河南省新乡市　河南师范大学外国语学院（刘国兵）

100191　北京市　北京航空航天大学外国语学院（孙文青）

汉语学术语篇例举语言局部语法研究*

安徽财经大学 张 磊

提要： 例举是学术语篇重要的话语行为，在学术论证过程中占有举足轻重的地位。局部语法因其聚焦的语言观察视角和极具针对性的语义描写手段，适于描述例举等话语行为的意义特征。目前，针对汉语例举语言的探索多局限于碎片化的例句分析，缺乏系统描写该话语行为意义特征的实证研究。鉴于此，文章尝试从局部语法的视角描写汉语学术论文中的例举话语行为。结果显示：例举是汉语学术语篇高频实施的话语行为，它具有程式化的意义规律，体现为 13 种高频使用的局部语法型式。这些型式及其话语功能特征对于对外汉语学术写作教学具有重要的启示作用。

关键词： 例举语言、局部语法、学术话语行为、对外汉语教学

1 引言

在学术写作中，例举是一种用具体实例对特定概念进行阐释和支撑的话语行为和论证方法。它是学术语篇的核心修辞功能（Paquot 2010），也是学术写作的关键环节（Hyland 2007：270）。近年来，英语学术写作中的例举语言受到关注（Hyland 2007；Su & Zhang 2020；Su et al. 2021；张磊、李雪红 2021），研究的核心关切是例举话语行为的各种词语实现及意义规律。

令人欣喜的是，汉语学界似乎早已对例举（或称列举）语言产生了兴趣（张谊生 2000，2001；朱军 2006，2008；何伟、潘晓迪 2015；夏历、孟乐 2023）。研究表明，例举是现代汉语重要的话语行为。它关联一系列重要的语篇功能，更是以汉语为外语的学习者难以掌握的一类表达（李姝雯 2012）。已有研究主要关注具体例举词（如"等等""例如"）的词性归类及其句法和语用特征。然而，这些研究趋于围绕个别例举词进行碎片化的例句分析，对例举话语行为的众多短语资源尚缺乏系统探索，对学术写作中的例举语言及其内部具体意义的使用则更未见讨论。鉴于此，本文基于汉语学术论文语料库，采用语料库语言学中专注于短语语义描写的"局部语法"路径（Hunston & Sinclair 2000），观察汉语学术语篇中例举话语行为的各种短

---

* 本文系安徽省哲学社会科学规划项目"经济学学术话语及科学思想的演变研究"（AHSKQ2021D179）、"基于语料库的习近平治国理政论述日译语言特征研究"（AHSKQ2021D185）及安徽省高校科研项目"国学经典外宣翻译策略及传播路径研究"（2024AH052114）的阶段性研究成果。

语实现，探寻例举语言的意义规律，为对外汉语学术写作教学提供启示。

2 文献综述

2.1 例举话语研究

例举是学术语篇最关键的话语行为或修辞功能之一（Paquot 2010：83）。通过枚举实例，学术语篇作者将抽象的概念、观点或发现与真实世界中的具体事物或情形联系在一起，用已知经验唤起读者对新知识的具体认识。与此同时，以举例的方式阐述观点、解释知识，也是科学论证的重要方法之一（Walton 2016：252）。然而，研究表明，例举语言却是外语学习者，包括英语学习者（Paquot 2008）及汉语学习者（李姝雯 2012）学术写作的薄弱环节。

文献（张宜生 2001；童盛强 2002；朱军 2006，2008；徐敏 2010；何伟、潘晓迪 2015；夏历、孟乐 2023；Su & Fu 2023）显示，汉语例举话语行为主要呈现 3 种语言学特征：（1）例举表达与数量有限的例举助词（如"例如""等""之类"）紧密关联。徐敏（2010：10）归纳发现，汉语例举表达主要由 12 个"前连式"例举助词（包括"如""譬如""例如"等）、14 个"后助式"助词（包括"等""等等""之类"等）以及 3 个"语气式"助词（包括"啦""呀""啊"）与其周围的词构成。（2）例举表达具有丰富的句法功能。朱军（2006）发现，汉语的例举结构"名词＋等"可实现主语、宾语和定语等多种句法功能。（3）例举表达指向复杂的语用功能，实现不同的交际意义。张谊生（2001：37-38）注意到，例举助词"一类""之类"趋于附在名词之后，实现"举出代表性事物"［如例（1）］或"点明同类事物列举未尽"［如例（2）］等语用功能。

（1）此后似乎事情还很多，如"白状元祭塔"**之类**，但我现在都忘记了。

（2）他身上绝无香皂发蜡润肤膏樟脑丸**一类**气息而洋溢着自然体臭。

李姝雯（2012）基于汉语中介语语料库及现代汉语语料库，考察了外国留学生汉语书面语中的例举话语特征。对比发现，外国留学生主要依靠"等等""等""什么的""之类"4 个助词表达例举。其例举语句在使用频数和句法结构方面与本族语者有明显差异。比如，外国留学生对"等等"的使用频数明显高于本族语者；他们所使用的带有"等"的例举语句的句法结构更加简单；他们还容易出现混用例举助词（如"等等""之类"）或遗漏例举表达的名词性成分等错误。

上述研究从不同侧面揭示了汉语例举语言复杂的语言学特征及其教学价值。我们同时发现，此类研究首先通常以"等等""比如"等单个助词为研究对象（如夏历、孟乐 2023），观察其句法及语用功能，以碎片化的例句分析为主要方法，并未系统地描述例举话语行为的短语或搭配特征。其次，虽然个别研究触及了汉语例举语言的教学问题（李姝雯 2012），但并未探讨汉语例举话语行为的教学方法，也未曾指明具体的教学内容。再之，之前的研究注重分析汉语例举语言的形式特征，对例举语言中涉及的各种微观意义（如例举对象、例举内容等）关照不足。最后，研究讨论的例举语言是汉语整体语言中的一般例举表达，学术写作中的例举语言尚未见专门讨论。受到 Su & Fu（2023）的汉语口语例举话语行为局部语法研究的启发，本文尝试采用语料库语言学的局部语法路径，分析汉语学术语篇例举话语行为对应的各种短语，系统描写其词汇-语义特征。

2.2　局部语法研究

局部语法是一种针对特定话语行为或语篇功能的语义分析路径（Hunston & Su 2019）。它专注于描写某一特定话语行为（如评价、请求、例举等）的词汇-语义规律，借助语料库语言学的方法和技术，从语料库中提取专门表达该话语行为的语句，并使用与该话语行为密切相关的分析术语（如"评价对象""请求者""例举对象"等），对语句的每一结构成分进行语义分析，以形式与意义一一对应的方式，揭示这一话语行为的意义实现方式。相对于普通语法，局部语法具有局部性（以描写具体语境下的微观语言为目标）、功能性（专注于对特定话语行为或语篇功能的描写）、词汇性（描写基于线性的短语或多词序列）、范畴明晰性（以与所要描写的话语行为密切相关的语用功能术语描写其意义实现）等方法论特征（张磊、卫乃兴 2018）。业已建立的局部语法，如定义局部语法（Barnbrook 2002）、免责局部语法（Cheng & Ching 2018）、评价局部语法（Hunston & Su 2019）等共同表明，对于表达特定话语行为的语言，局部语法能够提供比普通语法更精密、简洁及直观的描写。

例举语言的局部语法研究（Su & Zhang 2020；Su *et al.* 2021；Zhang & Su 2021；苏杭、张钰卿 2021；张磊、李雪红 2021；Su & Fu 2023）进一步表明，局部语法可精确描写英语例举语言中的各种意义及其组织关系，揭示例举话语行为的意义使用规律。以 Su & Fu（2023）所建立的汉语口语例举局部语法为例，他们以"像""比如""就说"等 17 组例举标示词，在库容达 11,268,838 词的汉语口语语料库中检索例举实例。然后从实例中概括出"例举对象""例举内容""例举功能术语"等 7 种。随后对实例展开局部语法分析。其中一组实例的分析可以表 1 所示方式呈现。

表 1　汉语口语例举局部语法分析（Su & Fu 2023: 48）

例举对象	指示	例举内容
要不就是一堆其他概念	比如	量子力学什么的

根据 Su & Fu（2023），例举局部语法的分析过程可简述为：将例举短语中具有完整意义的每一结构成分与相应的功能术语进行对应。如表 1 所示，部分例举短语被切分为 3 个结构成分，分别与 3 个例举功能术语进行匹配。比如，例举标示词（如"比如"）匹配术语"指示"，指明例举行为的发生，标示词之前的成分（如"要不就是一堆其他教"）指向例举行为所解释的事物，标注为"例举对象"等。整个分析过程将此组实例描写为意义序列"例举对象 + 指示 + 例举内容"，即局部语法型式。全部例举短语依此方法被分析为 13 种局部语法型式。

局部语法正是通过这种形式–意义相互匹配的方法，利用专属于特定话语行为的功能术语，对体现该话语行为的语句进行细致、清晰的语义描写，探寻该话语行为的意义规律。局部语法的上述方法论特点和优势启发我们专门对汉语学术语篇中的例举话语行为进行精密的语义分析，尝试建立汉语学术语篇例举局部语法，为汉语学术写作教学，尤其是对外汉语学术写作教学提供一种新的视角和方法。

3 研究方法

本文基于汉语学术论文语料库，采用局部语法描写语料库中的例举语句，揭示其意义规律。

3.1 语料选取

本文所用语料库为自建的汉语学术论文语料库。语料来源为 2019—2020 年化学、计算机科学、经济学及语言学 4 种学科中文高影响因子学术期刊（如《化学学报》《经济研究》等）中的 80 篇学术论文。库容达 464,706 词。根据 Becher & Trowler（2001）的学科分类标准，这 4 个学科的文本可分别代表硬学科/纯理学科、硬学科/应用学科、软学科/应用学科以及软学科/纯理学科。我们认为，使用不同学科高水平学术期刊中的研究论文作为文本来源，更能综合体现汉语学术语篇的话语模式，其规范的学术用语对汉语学习者更具有教学意义。

3.2 工作步骤

3.2.1 检索词项的确定及例举实例的提取

根据张谊生（2001）、朱军（2006）及 Su & Fu（2023）中所列汉语例举助词，以及《现代汉语词典（第六版）》（中国社会科学语言研究所词典编辑室 2012：801）中与"例"和"举"字关联的例举名词及动词（如"举例""例子""以……为例"等），我们在语料库中检索实例，最终确立了 14 个例举标示词（见表 2），并根据这些标示词在语料库中检索出 2,442 条实例。筛除未表达例举的实例后，剩余的 1804 条实例构成研究的分析对象。

表 2　例举标示词及其频数

标示词	频数（标准频数）	标示词	频数（标准频数）
等	901（1,939）	等等	17（37）
如	398（856）	诸如	11（24）
例如	237（510）	示例	4（9）
比如	87（187）	像	4（9）
以……为例	69（148）	譬如	3（6）
例	49（105）	之类	1（2）
例子	22（47）	举例	1（2）

3.2.2　分析术语的确立及局部语法分析

随后，我们从实例中归纳出各种与例举密切相关的功能或意义。如在例句"例如，去除金属离子时，应选取带有相反电荷的阴离子表面活性剂"中，"例如"指明例举行为的发生，认定为"标示"这一功能；其后的"去除金属离子时……"体现例举的具体内容，认定为"例子"。依此方法，我们从全部实例中归纳出 8 种专属于例举的功能。我们又借鉴 Su & Zhang（2020）及张磊、李雪红（2021）的做法，将其命名为 8 种例举功能术语（见表 3）。利用表 3 中的术语，我们对语料库中检索出的例举语言实例进行局部语法分析（参见表 1 的分析过程），揭示汉语学术例举话语行为的意义规律。

表 3　例举功能术语

术语	解释	实例
被例举物	例举行为的对象，即被举例说明的实体、行为或命题	**诸多物理细节**如电场在水表面因介电极化被弱化甚至被倒转方向等微观现象……
例子	所举具体例子或给出的具体解释	在膜表面进行功能化改造（如**表面电荷**）可使其具有抵抗特殊污染……
标示	指明例举行为的标示词	但是实际环境中存在很多时变因素，比如车辆发生故障、路况发生变化、服务客户动态出现**等**……
扩展表述	支撑例举内容的进一步说明	对于固体吸附剂的改性，例如沸石、活性炭等，**能够提高固体吸附剂的比表面积和阳离子交换量**……
相关研究	用于例举或解释的过往研究	另一类是对两分法理论的直接挑战和修正（如**Beavers *et al.* 2009；Croft *et al.* 2010；Naidu *et al.* 2018**）……

（待续）

（续表）

术语	解释	实例
行为	实施例举的相关动作	举一个英语复杂派生词构词规律研究的例子……
启动	例举内容前的铺垫信息	其中不乏诸如 cultivation、consultation、revelation、graciousness、jurisdiction 等长难词……
链接	用于连接不同术语或范畴的成分	反身使役动词为 accustom、commit、indulge、occupy、justify、subject（v.）、obsess、reconcile、concern（v.）、involve 等 10 个

4 结果及讨论

本节展示局部语法分析结果，并对其进行讨论。受篇幅所限，我们仅报道每百万词频数达 10 次及以上的 13 个局部语法型式，并将其视作汉语学术语篇高频使用的例举局部语法型式。根据每一个局部语法型式的话语功能特征，我们将其分为 5 组进行分类展示。

4.1 突出具体例子的局部语法型式

分析显示，有 4 个局部语法型式共同具有突出具体例子的话语功能，含 930 条例举语言实例。其中，694 条实例（每百万词词频 1,493 次）可按表 4 所述情形进行局部语法分析。

表 4　局部语法分析 1"启动＋例子＋标示＋被例举物＋（扩展表述）"

启动	例子	标示	被例举物	（扩展表述）
他们通过	故意隐匿资产、修改财务报表	等	手段	来恶意拖欠银行的贷款偿还责任
普遍是采取	用户学习	之类的	主观评价方法	

如表 4 所示，该组例举短语均以铺垫性内容（如"他们通过"）开头，可用术语"启动"标注。紧随其后的名词词组（如"故意隐匿资产""修改财务报表"）表达例举的具体内容，对应术语"例子"。例举标示词（如"等"）匹配"标示"，揭示例举行为的发生。其后的总结性表述（如"手段"）表明例举对象，标注为"被例举物"。最后的补充性说明（如"来恶意拖欠……"）则标注为"扩展表述"。因其只在部分

实例中出现，所以此处以括号标明，表示可能出现的内容。分析结果形成局部语法型式"启动＋例子＋标示＋被例举物＋（扩展表述）"。该型式的具体话语功能特点为：（1）凸显具体例子；（2）例举对象对前述例子进行抽象概括。在本研究中，该型式出现频数最高，占全部实例总数的39%，成为汉语学术语篇例举话语行为最高频出现的意义规律。

与上述694条实例类似，另有155条实例（标准频数334）同样具有凸显例子的功能。它们被统一分析为型式"启动＋例子＋标示＋（扩展表述）"（见表5）。该型式与"启动＋例子＋标示＋被例举物＋（扩展表述）"相比，仅缺少"被例举物"。换言之，在展示具体例子后不标明例举的对象，也是汉语学术例举话语的意义规律之一。

表5　局部语法分析2"启动＋例子＋标示＋（扩展表述）"

启动	例子	标示	（扩展表述）
随着	柔性电子学、仿生学、材料学	等	的飞速发展
通过逆向过程建模方法学习已有建筑数据的内在模式，能够快速生成	大量候选模板或目标模型	等等	

对应69条实例（标准频数148）的型式"行为＋例子＋标示"（见表6）也能够凸显例子。它下辖的实例均由例举标示词"以……为例"检索得到。我们将"以"标注为"行为"，体现例举动作，将"为例"匹配"标示"，指明例举的发生。中间的成分，如"垃圾焚烧系统"对应具体的"例子"。该型式以动词短语引出例举内容，具有明示例举动作和例子的话语功能特征。

表6　局部语法分析3"行为＋例子＋标示"

行为	例子	标示
以	垃圾焚烧系统	为例

具有凸显例子的话语功能的还有12条实例（标准频数26），它们被分析为"（启动）＋标示＋例子＋被例举物＋（扩展表述）"（见表7）。这一复杂的意义序列主要关联于例举标示词"诸如"和"像"。它与"启动＋例子＋标示＋被例举物＋（扩展表述）"在意义构成上十分相似。区别主要在于，前者的"标示"出现在更加显著的位置。

表 7 局部语法分析 4 "（启动）＋标示＋例子＋被例举物＋（扩展表述）"

（启动）	标示	例子	被例举物	（扩展表述）
地方政府对辖区内	诸如	土地、信贷等	重要经济资源	具有重要的影响力
	像	深度优先搜索、广度优先搜索等	图遍历算法	在每一轮迭代中只有部分……

4.2 突出例举对象的局部语法型式

有 6 个局部语法型式共同具有突出例举对象的话语功能，对应 796 条例举实例。其中，531 条实例（标准频数 1,143）可分析为"（启动）＋被例举物＋标示＋例子＋（扩展表述）"（见表 8）。该组实例以可选的铺垫性表达，即"（启动）"（如"融合"）引出例举对象，即"被例举物"（如"影响力较大的……"）。例举标示词"如"指向之后的具体"例子"（如"转换生成语法……"）。其后可选的补充性内容，即"（扩展表述）"进一步对例子进行细节说明。这一型式的话语功能特征为将例举对象置于显著位置，并以多个并列的示例辅助解释。

表 8 局部语法分析 5 "（启动）＋被例举物＋标示＋例子＋（扩展表述）"

（启动）	被例举物	标示	例子	（扩展表述）
融合	影响力较大的其他语言学理论和学科，	如	转换生成语法、认知心理学和自然语言处理等	
	一些地区，	如	广州、珠海和淮安的地税局	则开发了覆盖社会保障、财政和税务三个部门的信息共享平台

另有 133 条实例（标准频数 286）也具有突出例举对象的话语功能，被分析为"（启动）＋被例举物＋链接＋例子＋标示＋（扩展表述）"（见表 9）。该组实例以可选的铺垫性表达，即"（启动）"开头，后接一个体现"被例举物"的名词性词组（如"二语句法表征研究……"）。其后的动词或标点符号（如"是"或破折号）对应"链接"，将其与具体的"例子"连接在一起。例举标示词（如"等"）及可选的补充性说明置于最后，分别匹配"标示"及"（扩展表述）"。在该型式中，所举例子是一种定义性说明，用于展现例举对象的外延。

表 9　局部语法分析 6 "（启动）＋被例举物＋链接＋例子＋标示＋（扩展表述）"

（启动）	被例举物	链接	例子	标示	（扩展表述）
	二语句法表征研究的一个重要议题	是：	不同句法结构之间的激活或抑制关系是否与句法特征和句法启动有关？句法存在语义复杂程度、形义关系可靠程度、跨语言	等	方面的特征差异
并由此派生出	一系列次级诱致效应	——	大企业拉动小企业、工业拉动服务业、外贸拉动国内投资	等等	

　　有 97 条实例（标准频数 209）被分析为"（启动）＋被例举物＋标示＋相关研究＋扩展表述"（见表 10），它们同样突出例举对象。须特别指出，该型式中的"被例举物"仅指向前人的研究或思想观点，如"诸多文献所证"。这一型式通常跨越两个句子，通过细致的文献介绍例证之前的文献概述。

表 10　局部语法分析 7 "（启动）＋被例举物＋标示＋相关研究＋扩展表述"

（启动）	被例举物	标示	相关研究	扩展表述
	有一类关于社会风险的思想在西方传播甚广。	比如，	Beck（1992）的不确定性理论	认为，不同于人类先前遇到的各种灾难，
这一点也为	诸多文献所证。	例如	傅勇和张晏（2007）的研究	发现，

　　与"（启动）＋被例举物＋标示＋相关研究＋扩展表述"类似，对应 20 条实例（标准频数 43）的型式"被例举物＋标示＋相关研究"（见表 11）同样突出例举对象，且例举对象专门指向前人研究。所不同的是，在例举的具体文献（如"董志强和李伟成（2019）等"）后不再附带任何细节解读。

表 11　局部语法分析 8 "被例举物＋标示＋相关研究"

被例举物	标示	相关研究
许多仿真均是依托该平台进行的，	比如	董志强和李伟成（2019）等。

　　表 12 所示的型式"启动＋被例举物＋相关研究＋标示＋扩展表述"对应 10 条实例（标准频数 22）。它同样凸显特指前人研究的例举对象，以括号中的具体研究

加以例证，再以例举标示词"等"概指同类研究。最后的"扩展表述"概述相关研究的关键内容。该型式适用于总结多项文献的共同发现。

表 12　局部语法分析 9"启动 + 被例举物 + 相关研究 + 标示 + 扩展表述"

启动	被例举物	相关研究	标示	扩展表述
根据	部分控制的跨语言研究	（Sheehan 2012, 2014, 2017, 2018; Pitteroff *et al.* 2017	等）	真性/假性部分控制的分布情况如下

　　突出例举对象的还有 5 条实例（标准频数 11），分析见表 13 中的"被例举物 + 标示 + 链接 + 例子"。该组实例以"被例举物"起始（如"地方政府官员……"）。紧随其后的成分，如"一个非常突出的例子"对应"标示"。再由体现"链接"的成分，如"就是"，引出最后的"例子"。这一型式趋于以非常典型的示例论证例举对象，具有很强的解释力和启发性。

表 13　局部语法分析 10"被例举物 + 标示 + 链接 + 例子"

被例举物	标示	链接	例子
地方政府官员对一些领域关注不足，	一个非常突出的例子	就是	对环境保护的忽视

4.3　突出示例解读的局部语法型式

　　型式"标示 + 扩展表述"（见表 14）具有对例子进行详细解读的话语功能特征，对应 43 条实例（标准频数 93）。此组实例先指明例子的位置，如"例（2）"，匹配"标示"。随后给出对例子的归纳和分析（如"也呈现出……"），对应"扩展表述"。

表 14　局部语法分析 11"标示 + 扩展表述"

标示	扩展表述
例（2）	也呈现出与动词相同的论元位置交替（argument alternations）的现象

4.4　突出与读者互动的局部语法型式

　　另一自成一类的型式"启动 + 标示 + 扩展表述"（见表 15）下辖 6 条实例（标准频数 13）。其主要话语功能特征在于强调作者与读者的互动。此组实例以"参见"

等指示性用语开头，对应"启动"，旨在引导读者关注之后的内容。随后，以例子编号指明应注意的具体示例，如"例（10）"，匹配"标示"。其后的成分对例子中关键内容进行概括（如"的解释"），分析为"扩展表述"。

表 15　局部语法分析 12"启动＋标示＋扩展表述"

启动	标示	扩展表述
参见	例（10）	的解释

4.5　突出文献解读的局部语法型式

最后一类型式为突出文献解读功能的"相关研究＋标示＋扩展表述"。它对应 5 条实例（标准频数 11），均以多个"相关研究"起始，再以"等"标示例举的发生，最后以"扩展表述"归纳各项研究，展示其共同特征或相似发现（见表 16）。

表 16　局部语法分析 13"相关研究＋标示＋扩展表述"

相关研究	标示	扩展表述
Pearson（2013，2016）、Landau（2015）	等	将部分控制动词分析为典型态度动词

我们将上述高频局部语法型式按其话语功能特征进行整理和排列，总览汉语学术语篇例举话语行为的局部语法（见表 17）。

表 17　汉语学术语篇例举话语行为的局部语法型式及特征

类别	局部语法型式	具体话语功能特征	频数（标准频数）
1. 突出具体例子类	启动＋例子＋标示＋被例举物＋（扩展表述）	例举对象对前述例子进行抽象概括	694（1,493）
	启动＋例子＋标示＋（扩展表述）	具体例子后不标明例举对象	155（334）
	行为＋例子＋标示	以动词短语引出例举内容，明示例举动作和例子	69（148）
	（启动）＋标示＋例子＋被例举物＋（扩展表述）	例子前通常有例举标示词'诸如'和'像'	12（26）

（待续）

（续表）

类别	局部语法型式	具体话语功能特征	频数（标准频数）
	（启动）+ 被例举物 + 标示 + 例子 +（扩展表述）	以多个示例辅助解释例举对象	531（1,143）
	（启动）+ 被例举物 + 链接 + 例子 + 标示 +（扩展表述）	所举例子是对例举对象的定义性说明	133（286）
2. 突出例举对象类	（启动）+ 被例举物 + 标示 + 相关研究 + 扩展表述	用细节的文献分析例证之前的系列文献	97（209）
	被例举物 + 标示 + 相关研究	总结已有文献的特征	20（43）
	启动 + 被例举物 + 相关研究 + 标示 + 扩展表述	总结多项文献的共同发现	10（22）
	被例举物 + 标示 + 链接 + 例子	以非常典型的示例论证例举对象	5（11）
3. 突出示例解读类	标示 + 扩展表述	对例子进行详细解读	43（93）
4. 突出与读者互动类	启动 + 标示 + 扩展表述	突出作者与读者的互动	6（13）
5. 突出文献解读类	相关研究 + 标示 + 扩展表述	侧重对文献的解读	5（11）
总计			1,780（3,830）

　　数据显示，本研究语料库中，标准频数达到 10 次及以上的例举局部语法型式共有 13 个，对应 1,780 条实例（标准频数 3,830）。这一数据与英语学术语篇的情况类似。如在 Su & Zhang（2020）的英文语言学学术论文语料库中，例举表达的每百万词词频数达 3,386 次。这表明，例举也是汉语学术写作中的高频话语行为和论证方式，对于汉语学术语篇的构建十分重要。

　　局部语法分析显示，汉语学术例举语言含有丰富的意义和功能，可归纳为 8 种例举功能术语。这些意义和功能，经由学术论文作者不断地调用和组织，构成了更加复杂的 13 个高频局部语法型式。它们分别突出不同的信息，如"例子"或"例举对象"，形成 5 个主要话语功能类别，对应不同的交际语境。每一局部语法型式又各自具有自身的话语功能特征，如"（启动）+ 被例举物 + 链接 + 例子 + 标示 +（扩展表述）"侧重对例举对象进行定义性说明等。这些型式共同体现了汉语学术例举话语行为的意义规律，清晰地揭示出该话语行为的意义构成以及这些意义之间的线性组织关系，给予其简洁、实用的描写。正如 Hunston（2002：157）所言，"（对于评价表达而言），知道一个成分是评价对象比知道它是宾语要更加实用"。

　　更重要的是，上述局部语法分析及其体现的例举话语行为的意义规律对于汉语学术写作教学，尤其是对外汉语学术写作教学具有重要价值。首先，局部语法为学习者指明具体话语行为的基本表达方式，即意义驱动的方式，这是其最重要的教学价值。局部语法分析揭示，在学术写作过程中，表达任何一种话语行为，实际上都是一种意义选择的过程，即从该话语行为下辖的各种意义中选择若干种意义进行组合，从而实施话语行为。其次，局部语法型式的话语功能特征为学习者如何进行意义选择提供了依据。如表 17 所示，各种例举局部语法型式发生于不同的学术语境，关联不同的交际目的，因此具有不同的话语功能特征。比如，型式"启动＋被例举物＋相关研究＋标示＋扩展表述"突出例举对象，主要用于总结系列文献的共同发现等。这提醒学习者，在进行意义选择时，需综合考虑话题内容的变化和语句之间的衔接等语境因素，突出或淡化某些意义或内容，调用最切合语境的意义实施话语行为。上述两点教学价值与 Zhang & Su（2021：5）所实施的"局部语法型式在具体语境中的使用"的教学实践活动高度一致。再之，局部语法型式中，"相关研究"等特定意义的高频使用，能够提醒教师聚焦于学术话语活动，挖掘其区别于普通语言的特性，激发学习者的语域意识。由表 17 可见，"（启动）＋被例举物＋标示＋相关研究＋扩展表述"等多个局部语法型式中的例举对象或所举示例指向前人的研究或发现。这向学习者指明，撰写学术论文需要考虑学术语域的制约，谨慎使用例举话语中的意义，使之适宜于解读文献、总结研究发现、促进作者–读者交流等重要学术内容。最后，局部语法型式的频数信息向教师点明了教学的侧重点。在表 17 的全部 13 个局部语法型式中，频数排在前两位的型式，即"启动＋例子＋标示＋被例举物＋（扩展表述）"和"（启动）＋被例举物＋标示＋例子＋（扩展表述）"包含了 1,225 条实例，占实例总数的 68.8%。这表明汉语学术语篇例举语言的意义使用高度程式化，例举局部语法型式的使用趋于集中。越是高频使用的局部语法型式，越应受到教学的重点关注。这一教学价值亦从汉语的角度支持了"应从最典型的局部语法型式入手"的教学建议（Su & Zhang 2020：9）。

5 结论

　　本文基于汉语学术论文语料库，以局部语法的视角和方法分析例举话语行为，探索其意义表达规律和教学价值。研究显示：（1）例举是汉语学术语篇高频使用的话语行为和论证方式。（2）汉语学术语篇的例举语言包含 8 种主要意义。这些意义被学术论文作者组织成 13 个高频局部语法型式。这些型式对应不同的话语功能特征，明晰、系统地体现了汉语学术例举话语行为的意义规律。（3）这些意义规律揭示出学术话语由意义驱动的本质属性，各自关联十分具体的交际目的，又与学术内容密切相关，且使用趋于集中。它们可为对外汉语学术写作教学提供新的切入点和意义表达资源，更有效地指导汉语学习者合理实施学术话语行为，构建高质量的学术语篇。

研究表明，局部语法以特定的学术话语行为为研究对象，以简洁、直观的方式展现该话语行为涉及的各种意义及组织方式，能够系统描写汉语学术话语行为遵循的各种意义规律。本研究是局部语法应用于汉语学术话语研究的首次尝试。今后的研究可将局部语法的描写范围扩展到更多的话语行为，例如对比、引用、报道数据行为等等，建立多种学术话语行为的局部语法，从而更全面地探索汉语学术语篇的语言使用模式及其教学方法。

参考文献

BARNBROOK G. Defining language: a local grammar of definition sentences [M]. Amsterdam: John Benjamins, 2002.

BECHER T, TROWLER P. Academic tribes and territories: intellectual enquiry and the culture of disciplines (2nd edition) [M]. Buckingham: Society for Research into Higher Education & Open University Press, 2001.

CHENG W, CHING T. "Not a guarantee of future performance": the local grammar of disclaimers [J]. Applied Linguistics, 2018, 39(3): 263-301.

HUNSTON S. Corpora in applied linguistics [M]. Cambridge: Cambridge University Press, 2002.

HUNSTON S, SINCLAIR J. A local grammar of evaluation [C]//HUNSTON S, THOMPSON G. Evaluation in text: authorial stance and the construction of discourse. New York: Oxford University Press, 2000: 74-101.

HUNSTON S, SU H. Patterns, constructions, and local grammar: a case study of "evaluation" [J]. Applied Linguistics, 2019, 40(4): 567-593.

HYLAND K. Applying a gloss: exemplifying and reformulating in academic discourse [J]. Applied Linguistics, 2007, 28(2): 266-285.

PAQUOT M. Exemplification in learner writing: a cross-linguistic perspective [C]// Meunier F, Granger S. Phraseology in foreign language learning and teaching. Amsterdam: John Benjamins, 2008: 101-119.

PAQUOT M. Academic vocabulary in learner writing: from extraction to analysis [M]. London: Continuum, 2010.

SU H, FU Y. Local grammar approaches to speech acts in Chinese: a case study of exemplification [J]. Journal of Pragmatics, 2023, 212: 44-57.

SU H, ZHANG L. Local grammars and discourse acts in academic writing: a case study of exemplification in linguistics research articles [J]. Journal of English for Academic Purposes, 2020, 43: 1-11.

SU H, ZHANG Y, LU X. Applying local grammars to the diachronic investigation of discourse acts in academic writing: the case of exemplification in linguistics research articles [J]. English for Specific Purposes, 2021, 63: 120-133.

WALTON D. Argument evaluation and evidence [M]. New York: Springer, 2016.

ZHANG L, SU H. Applying local grammars in EAP teaching [J]. Journal of English for Academic Purposes, 2021, 51: 1-7.

何伟，潘晓迪. 现代汉语虚词"等"的功能视角研究[J]. 外语学刊，2015（3）: 22-28.

李姝雯. 基于语料库的第二语言学习者汉语列举助词习得研究[C]//第五届现代汉语虚词研究与对外汉语教学学术研讨会论文集. 上海：学林出版社，2012.

苏杭，张钰卿. 局部语法、话语行为与学科文化研究：以"例举"为例[J]. 外国语文，2021（3）: 73-85.

童盛强. 列举助词"这样"[J]. 西北师大学报（社会科学版），2002（5）: 83-86.

夏历，孟乐. 后置列举词"等""等等"的习得偏误研究[J]. 华文教学与研究，2023（3）: 44-52.

徐敏. 现代汉语列举类词语考察[D]. 上海：上海师范大学，2010.

张磊，李雪红. 局部语法的跨学科对比研究：以例举语言为例[J]. 外语与外语教学，2021（6）: 12-22.

张磊，卫乃兴. 局部语法的演进、现状与前景[J]. 当代语言学，2018（1）: 103-116.

张谊生. 列举助词"等"和"等等"[J]. 华文教学与研究，2000（3）: 30-36.

张谊生. 现代汉语列举助词探微[J]. 语言教学与研究，2001（6）: 35-44.

中国社会科学院语言研究所词典编辑室. 现代汉语词典（第六版）[Z]. 北京：商务印书馆，2012.

朱军. 列举代词"等"的语义等级、隐现规律及其主观化特点-兼议列举助词"等"的虚化历程[J]. 暨南大学华文学院学报，2006（4）: 58-65.

朱军. 列举助词"等"及相关结构的句法、语义特点研究[J]. 语言教学与研究，2008（1）: 42-49.

通信地址： 233030　安徽省蚌埠市　安徽财经大学文学院

留学生学术汉语副词使用特征及其成因*

华中师范大学 杭建琴 华中师范大学/武汉大学 张鸣宇

提要：留学生学术汉语表达能力是其参与学术研究的核心竞争力，也是实现留学生教育"提质增效"的重要体现。本研究通过自建学术汉语论文语料库，采用对比研究法，考察留学生副词使用特征及成因。数据分析表明，留学生在副词使用总频数上与母语学者存在显著性差异，且过度依赖高频副词和核心副词来突出学术论文的语体特征；进一步分析语料发现，留学生过度使用程度量级副词表达主观立场、误用副词衔接语篇，仅追求句子表层连贯性，过少使用古汉语遗留词汇及元话语中表达人际互动的副词。造成此类现象的主要原因是留学生的学术汉语语体意识薄弱、近义副词辨析能力不足，句子表达缺乏深度思考；此外，部分学术汉语核心副词属于新 HSK 超纲词汇，语义及用法较为复杂，留学生还未能用其衔接学术篇章以表达深层次的复杂逻辑关系。同时，他们的元话语表达能力不足，篇章人际互动能力较弱。

关键词：学术语体、学术汉语、副词、篇章衔接

1 引言

近年来，中国高等教育国际地位不断提升，共建"一带一路"的教学行动也取得显著成效。2020—2021 学年，我国在册的国际学生来自 195 个国家和地区，学历生占比达 76%（中华人民共和国教育部 2022）。已占据了总人数的主体，中国已成为世界上最大的国际学生生源国和亚洲最大的留学目的国。为进一步提升来华留学生的教学质量，达到留学生学历教育的"提质增效"目标，实现由留学大国向留学强国的转变，教育部《来华留学生高等教育质量规范（试行）》明确要求，"以中文为专业教学语言的学科、专业中，来华留学生应该能够顺利使用中文完成本学科、专业的学习和研究任务"（中华人民共和国教育部 2018），即留学生要具备能够利用学术汉语开展专业学习和科学研究的能力。但现有研究结果证实留学生学术汉语表

* 本文系国家社会科学基金一般项目"鄂西北四省市过渡地带方言语法调查与比较研究"（20BYY039）、江苏省高校哲学社会科学一般项目"'一带一路'国家来华留学生学习焦虑情绪对汉语学习的影响及对策研究"（2023SJYB0753）阶段性研究成果。杭建琴为本文通信作者。
作者贡献：
杭建琴：选题构思、数据收集、研究方法、讨论结论、论文撰写、修改润色、字数占比（70%）；
张鸣宇：数据收集、讨论结论、修改润色、字数占比（30%）。

达能力欠佳，尤其是学术汉语写作能力较为薄弱（高增霞 2020；亓海峰等 2022），而是否具备运用汉语撰写毕业论文的能力又是其学位资格认定的重要标准之一。因而，留学生学术汉语写作能力的提高亟须重视。

当前，学历生人数占比不断扩大，学界对学术汉语教学的重视度越来越高，有关学术汉语研究也取得了一定的成果，尤其是学术汉语词汇研究。黄启庆、薛蕾（2018）分析了学术汉语词汇的特征，在此基础上，提出了学术汉语词汇主要包括专业术语、书面性词汇、研究性词汇和结构性词汇，但文中并没有提出学术汉语词汇分类的界定标准。张博（2022）以语域分布为主要标准，明确提出了学术汉语通用词汇、学术词汇及专业词汇的划分标准并分析了其主要特征，这一标准的提出为学术汉语词汇教学及教材编订提供了有益借鉴。长句的使用是学术汉语文体的重要特征，张赪等（2020）通过自建语料库分析了六类学科中母语学者的通用学术汉语虚词使用特征，并统计出 99 个核心学术汉语虚词。这一研究结果为通用学术汉语写作教材建设提供了参考和指导。此外，另有学者就学术汉语词表的构建展开了研究，主要设计了通用学术汉语词表（朱明玉 2020）、经贸类专业学术汉语词表（王笑然、王佶旻 2022）、医学专业汉语词表（刘华、李晓源 2022；钱隆等 2023）等，上述词表研究丰富了国际中文教育学术汉语通用词汇和专业词汇教学，也为教材编制和教学设计提供了参考，但相关研究均未考察留学生学术汉语词汇的使用特征及存在的问题。有关留学生学术汉语词汇研究方面的成果较少，目前主要包括对比分析韩国学生与中国学者在学术汉语论文中文言结构的使用异同（汲传波 2016），利用计算机技术量化考察语言、文学方向留学生的学术汉语写作特征（林颖 2018），对比分析留学生和母语者在课堂环境下进行学术汇报时所用的连接成分及在汉语学术论文中转述动词使用的差异（唐文菊、汲传波 2023）。从总体上看，有关学术汉语词汇研究的相关成果仍不够充分，尤其是学术汉语写作中的词汇使用对比分析研究较少。

综上，本文拟基于学术汉语词汇研究成果和留学生学术汉语论文写作中的突出问题，通过自建学术汉语论文语料库对比留学生与母语学者的副词使用差异，结合语料统计留学生副词使用特征及其原因，为国际中文教育中高级阶段学术汉语教学、教材编写、课程设计及论文写作指导提供参考。

2　研究数据与方法

2.1　语料收集

本研究分别从知网、中国语言学类核心期刊上选取国际中文教育专业留学生硕士论文和母语学者专业学术论文共计 129 篇，自建学术汉语论文语料库。语料库内容确定之后对其进行预处理，删除目录、图表、脚注、参考文献、致谢、附录等信息。语料预处理完成后进行分词，本研究基于 Python3.7 中的 Pycharm 界面运用 LTP（语言技术平台）中文分词库包，对语料内容进行分词处理，随后在此基础上进行词性赋码标注，提取语料中的所有副词并进行人工校对。最终构建了 800,775 词的语料库，其中留学生语料 393,013 词，母语学者语料 407,762 词。

2.2　研究方法

本研究以张谊生（2000）的副词分类框架和张赪等（2020）的学术汉语核心副词类目作为副词分类统计的依据，采用语料库对比研究法，利用对数似然值（Log Likelihood，简称LL）统计留学生的副词使用与母语学者的差异，其中，LL的绝对值小于 3.84 时，两个语料库的副词使用不存在显著性差异，无统计学意义；LL的绝对值大于 6.63，且p值小于 0.01 时，两个语料库的副词使用存在显著差异。在此基础上，本研究分析留学生与母语学者副词使用的一般性和具体性差异特征，并进行原因分析。

3　留学生学术汉语副词使用的一般性特征

3.1　留学生与母语学者副词使用的总体差异性

本研究根据张谊生（2000）的副词分类框架对所考察的副词进行了归类。为了便于比较，本研究将频数进行了每万词标准化频数转换。经统计自建语料库副词使用情况发现，留学生在论文写作中所使用副词类符数为 380，形符数为 16,186，平均每万词使用副词的频数为 411.84；母语学者使用的副词类符、形符数分别为 506、18,272，平均每万词所使用副词频数为 448.10。为了全面了解留学生与母语学者在副词使用上的总体差异，我们对每一类副词进行了LL计算，详细数据如表 1 所示。

表 1　留学生与母语学者副词使用统计

副词分类	留学生			母语学者			LL值	p值
	频数	占比	频率	频数	占比	频率		
程度副词	4,342	26.83	110.48	2,744	15.02	67.29	424.77	0.000
时间副词	1,486	9.18	37.81	1,909	10.45	46.82	−38.41	0.000
范围副词	2,570	15.88	65.39	3,476	19.02	85.25	−104.95	0.000
频率副词	1,371	8.47	34.88	1,195	6.54	29.31	19.44	0.000

（待续）

（续表）

副词分类	留学生			母语学者			LL值	p值
	频数	占比	频率	频数	占比	频率		
评注性副词	1,287	7.95	32.75	2,492	13.64	61.11	−347.92	0.000
重复副词	2,086	12.89	53.08	2,063	11.29	50.59	2.38	0.123
描摹性副词	986	6.09	25.08	1,047	5.73	25.68	−0.27	0.601
否定副词	1,978	12.22	50.33	3,284	17.97	80.54	−281.23	0.000
协同副词	80	0.49	2.04	62	0.34	1.52	3.00	0.083
合计	16,186	100	411.84	18,272	100	448.10	−61.20	0.000

表 1 中 p 值统计结果表明，留学生在论文写作中副词使用的总频数与母语学者存在显著性差异。进一步观察具体副词分类条目，除重复副词、描摹性副词及协同副词外，其他类副词的使用频数上均表现出显著性差异。其中，留学生所使用的程度副词占比为 26.83%，使用频数最高。程度类副词主要用于表达事物的程度量级，学术研究通常会比较分析某个领域的多个研究对象或某一研究对象不同阶段的性质，以探寻不同研究对象之间或不同阶段研究对象之间的差异，对差异的描写与分析通常需借助程度副词或形容词（张赪等 2020）。留学生的硕士学位论文研究议题主要结合导师指导、自身母语文化特点与汉语学习中遇到的偏误展开汉外对比研究，如语言习得偏误分析、文化习俗对比研究、教材本土化探究等，因而留学生所使用的程度副词偏多。而在母语学者论文中，范围副词使用最多，占副词总频数的 19.02%，平均每万词所使用的范围副词频数为 85.25，其中，统括性范围副词使用频数最高，表明母语学者在学术研究中注重对某一方向的研究文献作宏观的梳理与对比分析，总结前贤研究的成果，首先是为后续研究提供理论支撑和研究方向；其次是唯一性范围副词，如"仅""只""就"等，共计频数为 922 次，说明母语学者在总结前贤研究成果的同时还会指出其不足之处，为自身研究奠定基础。

此外，对比 LL 值发现，在副词分类中，留学生和母语学者在程度副词和评注类副词的使用上差异较大。与母语学者相比，留学生使用了较多的程度副词，平均每万词所使用的程度副词频数为 110.48，母语学者仅为 67.29。汉语中的程度副词不仅可以用于描述纯客观的程度量级，还能用于表述说话人对程度量级的主观立场感受（崔希亮 2022）。按照是否可用于比较以及能否进入"比"字句，马真（1988）把表达程度量级的程度副词分为绝对程度副词和相对程度副词。通过仔细分析语料发现，留学生使用的绝对程度副词约占程度副词总频数的 23.06%，主要用于表达留学生对所描述的研究对象或问题的态度、判断、情感及评价；相对程度副词使用比例高达 76% 左右，表明留学生在研究过程中比较注重进行对比研究，并使用相对程度副词对研究结果进行描写和阐述。母语学者在学术论文撰写时所使用的评注性副词占副词总频数的 13.64%，留学生的评注性副词占比仅为 7.95%，平均每万词所使用的评注性副词为 32.75。汉语的评注性副词在句法上可以充当高层谓语，表达说话人对事件、命题的主观评价和态度（张谊生 2014），并且在语篇建构过程中调控话语内容，引导受话人理解语言的功能与程序（陈全静、陈昌来 2023）。因此，在学术汉语写作中，母语学者能够合理利用评注性副词实现学术话语篇章结构和信息内容的有效衔接，就最终的研究结论表达自身的观点态度，并劝谏读者和学术话语共同体接受其学术语篇的观点主张，认可作者研究结论的科学性和重要性。显然，留学生在评注性副词的使用频数上明显不足。Duszak（1997）认为，作者在科技文章中适当表达或强调个人观点不会降低文章的正式性和客观性，反而能够增强辩论性和说服力，实现了作者和读者之间的对话交流。所以，恰当合理地使用评注性副词能够有效实现学术话语的人际沟通功能，引导读者和学术话语共同体产生共鸣，增进学术交流。

3.2 留学生学术汉语核心副词使用分析

张祯等（2020）通过自建涵盖医学、化学、地理、心理、法学、文学 6 类学科的学术汉语论文语料库，分析汉语学术论文的词汇使用特征，总结了 99 个广泛出现于多类学科学术体系中的核心虚词，本文参照其核心副词分类，详细统计了留学生与母语学者的核心副词使用情况，统计结果如表 2 所示。

表 2 留学生与母语学者核心副词使用统计

核心副词分类	核心副词	留学生		母语学者	
		频数	覆盖率	频数	覆盖率
程度副词	非常、更加、更、很、极、较为、特别、尤其、越、最	2,554	58.82%	1,801	65.63%
时间副词	仍、仍然、首先、未、已经、已、逐渐	593	39.91%	1,040	54.48%
范围副词	都、共、仅、就、均、只	1,590	61.87%	2,486	71.52%
频率副词	不断、还、通常、往往	790	57.62%	608	50.88%
评注性副词	还是、是否、自然	291	22.61%	276	11.08%
重复性副词	也、又、再	2,020	96.84%	1,928	93.46%
描摹性副词	相、相互	111	11.26%	103	9.84%
否定副词	不、非	1,659	83.87%	2,859	87.06%
协同副词	另外	10	12.50%	8	12.90%
	合计	9,618	59.42%	11,109	60.80%

表 2 统计结果显示，留学生与母语学者所使用的核心副词总体频数分别为 9,618、11,108，分别占副词总频数的 59.42%、60.80%。*LL*数值和*p*值计算结果表明，在核心副词分类中，两者在时间副词使用上的差异最为显著，母语学者的使用频数为 1,040，占总时间副词比例的 54.48%，而留学生的使用频数仅为 593，占总时间副词比例的 39.91%。现代汉语篇章中，充当衔接成分的不仅包括连词、代词、插入语等，还包括部分副词，其中时间副词主要承担表顺序的篇章连接功能，反映相关事件在开放或封闭的时间序列中的位置（张谊生 2014）。所以，时间副词不仅可以表达时间的概念意义，而且在篇章表层结构上按照时间序列充当语篇的衔接手段。因此，相较于留学生，母语学者更擅于使用核心时间副词展现汉语学术论文研究对象的发展脉络和研究进展，有效实现学术语体篇章形式上的逻辑衔接。

3.3　留学生学术汉语高频副词使用分析

上述分析说明留学生与母语学者在副词总频数及核心副词使用频数上均有较为显著的差异，现提取留学生和母语学者高频使用的前 10 个副词进行比较分析（见表 3）。

表 3　留学生和母语学者在学术汉语写作中使用频数排名前 10 位的副词

序号	留学生				母语学者			
	副词	频数	总副词覆盖率	核心副词覆盖率	副词	频数	总副词覆盖率	核心副词覆盖率
1	不	1,651	17.17%	17.17%	不	2,799	15.32%	25.20%
2	也	1,587	16.50%	16.50%	也	1,515	8.29%	13.64%
3	都	886	9.21%	9.21%	都	1,193	6.53%	10.74%
4	更	786	8.17%	8.17%	更	658	3.60%	5.92%
5	很	682	7.09%	7.09%	就	566	3.10%	5.09%
6	还	535	5.56%	5.56%	很	377	2.06%	3.39%
7	比较	489	5.08%	5.08%	还	366	2.00%	3.29%
8	最	443	4.61%	4.61%	已	349	1.91%	3.14%
9	较	433	4.50%	4.50%	并	313	1.71%	2.82%
10	就	379	3.94%	3.94%	较	300	1.64%	2.70%
合计		7,871	48.63%	81.84%		8,436	46.17%	75.94%

经统计，留学生和母语学者在汉语学术论文写作中使用频数排名前 10 位的副词如表 3 所示。其中，10 个高频副词中留学生与母语学者有 8 个是相同的，分别为"不""也""都""更""很""还""较""就"，使用频数总计分别为 6,939、7,746，使用频数上仍存在一定差异性，下文将作详细分析。留学生较常使用程度副词"比较"，母

语学者则使用较少，总频数为 203 次；而对于母语学者使用频数较高的评注性副词"并"，留学生使用频数仅为 154 次，与母语学者存在显著性差异。同样，母语学者使用时间副词"已"的频次也远超留学生，使用频数分别为 349 次和 176 次。数据表明，留学生和母语学者所使用的 10 个高频副词频数分别占副词总频数的 48.63%、46.17%，与其他副词相比，高频副词使用频数占有较大比重。这与学者在考察英语学术论文中英语学习者与母语者所使用的高频副词频数结果趋同（罗— 2003；Lei 2012），即留学生和母语学者都倾向于使用较为常用的几个高频副词。接着，我们把高频副词与核心副词的使用频数进行比较，使用频数分别占核心副词总频数的 81.84% 和 75.94%，与母语学者相比，留学生更加依赖核心副词的使用来凸显其学术语体风格。因此，熟练掌握高频核心副词的应用是理解与撰写汉语学术论文的关键要素。

4 留学生学术汉语副词使用的具体特征分析

上文基于频数、*LL*值及*p*值结果，对比分析了留学生与母语学者的副词总频数、高频副词及核心副词使用异同。下面我们将结合具体语料，从过度、过少使用两个层面对比分析留学生的副词使用特征及其原因。

4.1 留学生学术汉语中过度使用副词的特征及成因分析

4.1.1 留学生学术汉语中过度使用副词的特征分析

在学术英语研究领域，Milton & Tsang（1993）研究发现，我国香港地区学生使用的逻辑连接词比例明显高于已发表的学术英文论文。Evensen & Rygh（1988）将母语为挪威语的英语学习者作文与母语者相比较，也发现学习者使用的连接词比母语者要多。Granger & Tyson（1996）首次提出了"过度使用假说"，但并未就这个术语给出明确的定义。先前的研究通常采用频数的对比来划分词语的过度使用标准，本研究也将基于这一主观化的界定标准，并在此基础上进行一定的改进。首先，将留学生与母语学者所使用的副词频数进行标准化处理，即计算出每万词副词的使用频数，并将阈值设定为 3，对于留学生与母语学者副词使用频数相差大于 3 的副词，将再次进行*LL*值和*p*值检验，存在显著性差异的副词则认定为过度使用。经统计，留学生在学术汉语写作中过度使用的副词如表 4 所示。

表 4　留学生过度使用副词统计

副词	留学生		母语学者		阈值	*LL*	*p*值
	频率	总副词占比	频率	总副词占比			
非常	6.41	1.56%	1.95	0.43%	4.47	101.55	0.0000

（待续）

（续表）

副词	留学生		母语学者		阈值	*LL*	*p*值
	频率	总副词占比	频率	总副词占比			
更	20.00	4.86%	16.21	3.60%	3.79	16.57	0.0000
很	17.35	4.21%	9.29	2.06%	8.07	100.69	0.0000
最	11.27	2.74%	6.11	1.36%	5.16	63.20	0.0000
比较	12.44	3.02%	2.27	0.50%	10.18	312.60	0.0000
较	11.02	2.68%	7.39	1.64%	3.63	29.42	0.0000
还	13.61	3.31%	9.01	2.00%	4.60	38.42	0.0000
又	7.91	24.29%	4.46	0.99%	3.45	39.72	0.0000

　　统计结果显示，留学生过度使用的副词共有 8 个，并且均与母语学者在使用上存在显著性差异。其中，一是程度副词"比较"的过度使用频数最高，阈值高达 10.18；二是程度副词"很""最"，分别居于过度使用的第二和第三位。表 4 统计数据表明，留学生过度使用的副词包括程度副词、时间副词和范围副词，其中程度副词占比最大。

　　图 1 数据显示，留学生过度使用的副词占总副词频数、高频副词频数、核心副词频数分别为 24.29%、46.74% 和 31.29%，均明显高于母语学者，其中以高频副词过度使用最为显著。副词的过度使用会严重影响汉语学术论文的客观性、科学性及严谨性，导致研究结果的可信度降低。据此，结合语料分析发现留学生过度使用副词主要呈现如下两个特征。

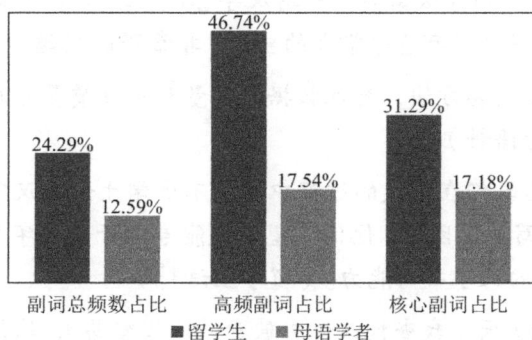

图 1　留学生过度使用副词频数分布

　　一是过度使用程度量级副词表达主观立场。按照程度副词的量级大小分类，上述留学生过度使用的程度副词除"比较""较"以外，均为高量级程度副词，具体用例如例（1）—例（12）所示。

（1）本研究认为一旦项目教育家彻底理解社会文化语言因素，MTSCOL 项目将会由**更**有效率的教育家制造出**更**好的项目并且培养出**更多**有效率的 L2 学习者，管理者和学生也一样。（留学生语料）

（2）相比之下，"很"对程度的调节则通过对平均标准值的扩展来实现，**更**关注同质事物内部量的极差。（母语学者语料）

（3）儒家思想**比较**保守，于是在审美、款式方面上人们的创造力被限制，导致款式**比较**保守。（留学生语料）

（4）把字句可以分为叙事性和说理性的两类，叙事性的把字句时间属性**比较**凸显，而说理性把字句时间属性不凸显，把字句描写有界事情的说法还有待商榷。（母语学者语料）

（5）要让学生对汉语感兴趣，语言教学中恰当融入文化教学就是一种能够吸引学生兴趣的有效方法，并能取得**较**好效果。（留学生语料）

（6）低端学习者的口语产出和非正式场合跟语体相关的信息**较少**，一般不宜作为语用研究的语料。（母语学者语料）

（7）在非本国进行的研究生语言项目上，语言能力是**最**影响国际生的因素之一。（留学生语料）

（8）就成员分布而言，"全都"类**最多**，"无非"类最少，这表明范围副词的整体语用格局有可能倾向于强化显示范围整体的语力。（母语学者语料）

（9）我刚开始学习汉语的时候对汉字书写**非常**感兴趣。写字时很有自信，**非常**喜欢写汉字，那时候的汉语老师们也对汉字书写的要求**非常**严格。考 HSK 任何等级需要用手写汉字答题，写作部分都是要求手写。因此自己对汉字书写有着**非常**大的要求，**非常**强的兴趣。（留学生语料）

（10）对于词类方法，标注数据的数量和标注质量是**非常**关键的因素。（母语学者语料）

（11）因为我们在访谈的过程中发现不少学生认为汉字思维表达**很**困难、汉字书写也**很**困难，他们希望学校能专门开设汉字书写课持续培养汉语学习者的汉字书写能力。（留学生语料）

（12）第 17 项（我查找汉语文献资料比较容易），均值为 2.9750。这说明汉语国际教育硕士留学生论文写作适应能力**很**一般，并且查找汉语文献材料的能力有限，亟须指导。（母语学者语料）

程度副词用法复杂多样，在留学生论文写作中使用频率最高，通过观察上述语料发现，留学生过度使用量级程度副词"非常""更""很""最""比较""较"，在表达客观研究对象和事实命题思想时，也蕴含了自身对研究问题的立场、情感和态度，进而向读者传达自己的学术观点。其中，"更""最"属于高量级相对程度副词，例（1）中留学生前半句中连续使用了 3 个高量级程度副词"更"来描述作者对研究事实假设成立的一个主观感受，而例（2）中母语学者使用程度副词则是在自身对研究问题的认知基础上，用其描述研究对象，让读者对研究内容有一个更加清晰的认识。此外，观察留学生语料发现，副词"最"的使用也存在同样问题。例（7）中，作者仅从个人的直观认知中得出结论，缺乏客观的数据及严密的逻辑推理。反观例（8），母语学者在研究中采用量化的研究手段，依靠客观的数据结果，利用程度副词"最"描述研究过程，凸显研究结果，具有较高的科学性和可靠性。例（3）、例（5）中的程度副词"比较""较"属低量级程度副词，研究过程中，留学生比较倾向于用其表示自身对研究问题或方法的认识及看法，而例（4）、例（6）表明母语学者在研究中习惯采用类比研究法，通过该类副词的使用引出对比的研究结果，并陈述自己的观点，从而使得研究结论有据可循、思路清晰、逻辑严谨。最后一类高量级程度副词"很""非常"是绝对程度副词，很难进入比较句式。学术论文研究讲究客观、严谨，通过考察留学生语料发现，他们往往忽视这一要求，如例（11）中，留学生采用访谈法"了解留学生汉字书写学习"情况，发现"不少学生反映汉字书写及汉字思维学习难度大"，因此得出结论，认为"学校有必要继续开设汉字书写课程"。反观其研究过程发现，留学生忽视利用客观数据说明问题事实，更多是基于自身的模糊感受和认识得出一个看似合理的研究结论。例（12）中母语学者采用问卷调查法，设计研究方案，界定划分等级，计算均值水平，科学利用客观数据说明"留学生论文写作适应能力"问题，并表明自己对问题的看法，从而提出针对性的解决对策。同样，留学生在使用"非常"时，不仅过度使用，而且在研究中仅关注自身对问题的认识，忽视了学术论文注重客观、科学、严谨事实的基本规范。例（10）中母语学者则围绕研究对象进行阐述论证，利用科学的表达和规范的话语方式提出较为客观科学的认识，研究结论可信度也较高。因此，相较于留学生，母语学者的研究过程更加科学规范，研究内容可读性高、说服力好、互动性强。

二是误用副词衔接语篇。由表 4 可知，留学生在撰写论文时，与汉语学者相比，过度使用"还"与"又"，且使用频数上存在显著差异，具体用例如例（13）—例（15）所示。

（13）了解汉语国际教育硕士研究生的汉字写作最难的主要原因以后，我们**还**专门进行了访谈。原因就是更仔细地了解他们的汉字书写情况。（留学生语料）

（14）汉语的早期学习一般都是比较有热情的，可是深入中级和高级水平时，就失去了新鲜感，无法再激起学生的学习兴趣，特别是他们要经历枯燥无味的 HSK 汉语水平考试，重复机械的考试迫使他们麻木。让他们**又**陷入了和中国学生一样的应试怪圈。（留学生语料）

（15）汉语国际教育的首要目标是教好语言，汉语**又**跟西方语言不同，除了拼音，汉语**又**包含汉字，而西方语言里面很少能见到一种区别于拉丁字母的书写体系。（留学生语料）

副词"还"和"又"在语义上有一定的相通之处，都用于表达某种动作或状态的持续，前者侧重呈现某种行为或状态的延续，后者强调先前义项中的动作、现象或事情的重复。"还"的义项繁多、用法复杂。高增霞（2002）指出，副词"还"的功能在于激活句子中的某一种序列，"延续"某种客观世界中实体间的关系在人的认识世界、言语行为世界中的投射，具体包括时间序列、等级序列和预期序列；此外"还"也可以表示一种反预期行为。观察留学生语料发现，在"还"的使用上，从词义、句法功能看并没有较为明显的偏误，但深入分析发现，留学生用其描述复杂的研究过程或对象时，往往忽视了深层次的逻辑关系，仅追求表层的连贯性。例（13）中，副词"还"的使用把当前开展研究采用的"访谈"方法纳入一个研究的动态过程之中，凸显作者将要继续深入研究留学生汉字写作困难的问题；此外，本例中的"还"也可以表示作者的一个反预期行为，即虽然已经掌握了留学生汉字写作困难的主要原因，但仍旧开展访谈以期了解留学生的汉字书写情况。仔细推敲会发现，只有在深入了解留学生写作情况之后，才能掌握他们写作困难的原因，而本研究中留学生的研究行为刚好相反，因此，后文表达的"了解汉字书写情况"这一现象与前文的"书写最难的原因"在逻辑上互相矛盾。研究者只有深入了解了留学生的汉字书写情况，才能合理总结出书写最为困难的原因，并在最后针对原因继续深入研究，提出具体的应对策略。例（14）中，留学生想通过副词"又"的使用使得句子之间更加连贯，富有层次性，说明留学生陷入了和本土学生一样的学习困境。邵敬敏、饶春红（1985）认为，"又"的连用在逻辑上可以表示多层递进累积，后项程度高于前项，逐层累积，表示某种高程度。而上述例句中，显然是"中国学生陷入应试的怪圈"，而"留学生也一样陷入了应试怪圈"，这是对中国学生行为的完全重复，递进的含义并未蕴含其中。所以，句中的"又"应该换成"也"。此外，例（15）中也出现了误代偏误，在"又跟西方语言不同，除了拼音，又包含汉字"一句中，"又……又……"结构可以用于主语相同时表达两种并列的动作或状态同时存在，而上述例句中，显然是一种总分逻辑关系，先是提出英汉两种语言不同的观点，继而解释两种语言的具体差异表现。所以，后一个副词"又"可以改为"还"。综上分析发现，留学生在撰写学术论文表达逻辑关系时，对一些近义副词的义项和用法掌握不够熟练，辨析能力不足，从而产生偏误，造成论文逻辑矛盾，层次混乱，最终导致论文的严谨度不高、客观性不强，研究结论或结果有待商榷。

4.1.2　留学生学术汉语中过度使用副词的成因

上述分析表明，留学生学术汉语语体意识薄弱。虽然学界有关语体的定义及分类还未达成统一，但一致认为语体与语言交际密不可分。黎运汉（2000）在书面语体和口语语体二分基础上对语体做了进一步的详细划分，其中，书面语体包含科学语体，在此基础上又可以分为专门科学体和说明科学体。专门科学体主要是指论证自然、思维或社会现象规律性的学术论文、学术报告和学术专著等。按照上述分类，学术汉语写作应属于专门科学体。专门科学体注重人际互动与交流，篇章组织逻辑连贯，结构衔接清晰，用词精炼准确，内容信息密集、紧凑复杂。而留学生在学术论文篇章组织过程中过度使用程度副词，句子结构松散，尤其是高量级程度副词，表明其在研究过程中过度关注自身对于研究问题的观点、立场及态度的表达，主观性较强，对研究事实判断过于强烈，进而导致作者与读者之间的交互性弱，不利于学术对话交流的展开，也难以建立其可信的学术身份。学术话语并非只是自说自话，相反，它是一种社会行为，具有社会建构属性（姜峰 2019）。因此，学术观点的表达应该给目标读者和话语共同体留有协商讨论和交流的空间。作为学术新手，留学生应充分理解汉语学术论文专门科学的语体意识，不仅要从句法语义层面掌握程度副词的使用规则，还应了解其语用交互性的特征，注重汉语学术论文人际意义的表达，从而使得副词的使用符合专门科学语体规范，得到目标读者和学术共同体的认可，提升研究的学术性、科学性和严谨性。

此外，留学生对近义副词辨析能力不足，仅追求表层逻辑的连贯性。虚词是汉语的重要语法手段之一，其语义和句法特征恰好符合留学生在学术汉语论文写作中用其描述研究对象、过程和构成长复句的需求。副词又是留学生的学习难点，意义空灵多变，尤其是个别语义及功能比较相近的副词。留学生在副词"又"的使用中出现与"也"混用的情况，通过检索语料发现此类现象并非留学生的误用，而是一种习得性偏误，相关副词的用法还停留在中介语阶段，这一现象受到留学生母语负迁移的影响。同时，在近义副词的使用上，他们仅仅关注近义词之间细微的语义差别，而忽视其语义共现、连用及语用层面的言语行为意义。而且，在近义词辨析中，教师更多关注近义实词的辨析，忽视了对近义副词的多角度辨析，这一教学方法也可能致使留学生对部分近义副词的用法出现偏误。例如，副词"还"本身的义项较为丰富，且各义项所表达的意义之间也有一定关联，但在搭配及语用上又存在明显的区别，留学生还未完全掌握副词"还"的用法就将其用于表达复杂的逻辑关系，较为容易出现偏误，致使研究内容表达仅追求句子表层连贯性，而忽略了深层次的逻辑内涵表达，导致研究过程和结果的科学性、客观性受到影响。

4.2　留学生学术汉语中过少使用副词的特征及成因分析

4.2.1　留学生学术汉语中过少使用副词的特征分析

留学生过少使用副词的统计仍以母语学者为参照，按照过度使用副词的统计方法，将阈值设定为 −3，留学生与母语学者副词每万词标准使用频数相差小于 −3 且 p 值检验存在显著性差异（$p < 0.01$）的，定为过少使用副词，统计结果详见表 5。

表 5　留学生过少使用副词统计

副词	留学生		母语学者		阈值	LL	p值
	频率	总副词占比	频率	总副词占比			
已	4.48	1.09%	8.60	1.91%	4.12	−51.90	0.0000
未	0.79	0.19%	4.36	0.97%	3.57	−107.89	0.0000
都	22.54	5.47%	29.39	6.53%	6.85	−34.90	0.0000
均	1.60	0.39%	6.73	1.49%	5.12	−133.88	0.0000
就	9.64	2.34%	13.94	3.10%	4.30	−30.68	0.0000
并	3.92	0.95%	7.71	1.71%	3.79	−49.53	0.0000
不	42.01	10.20%	68.95	15.32%	26.95	−258.75	0.0000

由表 5 可知，留学生过少使用的副词包括时间副词、范围副词、评注性副词和否定副词。除评注性副词"并"以外，其他几个均为学术汉语核心副词，留学生与母语学者相比在使用频数上存在较为显著的差异。其中，留学生过少使用的副词在核心副词中占比仅为 33.13%，而母语学者为 48.22%。词汇使用特征是语体分析的重要方面之一（张赪等 2020），而且虚词的使用更是科技文体的最显著特征。学术汉语核心副词的合理使用是留学生理解和撰写学术论文的关键能力之一，统计结果显示留学生过少使用副词与母语学者存在显著性差异，并呈现如下特征。

一是留学生过少使用古汉语遗留词汇。在过少使用副词中，"已""未""均""并"属于古代汉语中的遗留词汇，书面语体性较强，语言形式要求高，语义、语法及语用规则也较为复杂，因而留学生习得难度大，使用时发生偏误的概率也较高，导致在学术汉语论文写作中留学生刻意过少使用此类副词，即使少量使用也存在明显偏误，详细用例如例（16）—例（20）所示。

（16）在问卷分析**已**发现教学生活需求是最高的（均值为 4.34），外国学生不仅重视课堂上的知识……

（17）缅甸的学生还**未**结婚前都是与父母住在一起，很少离开家乡到外地发展，留学回来后从事工作也要经过父母的同意。

（18）这些问题，留学生与同学之间解决的占 61.29%，请求老师的帮助和结交中国朋友解决的**均**为 41.92% 和 29.03%。

（19）陈辉研究者强调，俄罗斯"汉语热"**并不**虚传。

（20）虽然这种特征**并不**在每个学校都有，但也值得我们参考。

首先，相较于"已经"，副词"已"书面语体性更强。观察留学生有关副词"已"的使用发现，误加偏误是留学生论文写作中的常见问题。例（16）中，留学生对"已"的使用根据该句的句法和语义意义应该改为"中"，即"在问卷分析中发现教学生活需求是最高的"，"在……中"作该分句的状语，强调研究过程中发现的新现象。因而，"已"在该句中是一种误加偏误。例（17）中，从语义、语法层面分析，句子并未发现问题，但留学生忽视了副词"未"的语体使用风格。结合句子的语义和上下文语境，句子的口语化倾向较为明显，而"未"通常用于比较正式的书面文体，表示对过去已发生的行为或事件的否定，虽然语义表达正确，但语体风格却大相径庭。其次，关于副词"均"的使用，除存在语体使用不符合规范外，还存在误用现象，"均"作为统括性副词，表示"全、都"的意义，主语一般是复数形式，述语则是对主语统一属性的全称量化，而在例（18）中，"均为 41.92%和 29.03%"两个数值分别是对主语"请求老师帮助"和"结交中国朋友解决的"这两种方式选择人数的界定，而非对两种解决问题方式统一属性的全称量化。上述分析说明留学生不仅未理解"均"作为统括副词的语义，而且也没能掌握该副词使用时应遵守的句法规则。最后，根据《现代汉语八百词》的释义，副词"并"用于表示两件事情同时进行或同等对待，限用于某些单音节动词前；还可以用于加强否定语气，放在"不""没（有）""无""非"等前边，用于在转折句中说明真实情况。观察语料发现，留学生几乎都应用了"并+否定词"这一结构，并对这一规则作了泛化处理，所观察的语料都采用"并＋不"的结构，从而出现了部分误代偏误，具体用例如（19）、（20）所示。综上所述，留学生在应用古汉语遗留虚词中表现出误用、语体风格冲突、规则泛化等一系列特征。

二是过少使用篇章元话语中表达人际互动功能的词汇。Crismore（1989）认为，任何语言形式的篇章都包括说明命题内容及指称意义的基本话语，以及表达主题态度、语篇意义和人际意义的元话语。学术论文写作中元话语的合理使用能够有效促进作者与读者的学术互动与交流。表 5 的数据统计显示，留学生除了过少使用一些古汉语遗留词汇外，"都""就""不"等其他几个副词的使用也与母语学者存在显著差异。上述几个副词在学术论文写作中可以用于间接表达作者的主观量和情态意义（陈小荷 1994；史锡尧 1995；徐以中、杨亦鸣 2005），下文将结合例（21）—例（26）中的具体语料对比分析留学生对上述副词的具体应用。

（21）由于前文以"使对方在违背真实意思的情况下订立的合同"

的中心语"合同"为话题，后续围绕该话题申述，而且延续原话题不变，这样**就**可采用零形式指称"合同"。（母语学者语料）

（22）共有29名同学认为互动没有问题，**就**一名同学选了互动有问题。（留学生语料）

（23）如果考察把字句的事件结构，事件的时间、空间、事件语义角色和事情类型这个四个维度**都**会制约把字句的句法表现。（母语学者语料）

（24）所有这些学生的母语**都**非汉语，其文化和语言背景也**都**与以汉语为母语的人有所不同。（留学生语料）

（25）学术汉语词汇特点的提炼并**不**全面，肯定还存在一些偏差，这也会在一定程度上影响到本文所提出的学术汉语词汇教学策略或方法的合理性。（母语学者语料）

（26）网络新词语在构词上也没有固定的模式，产生来源也多样化，文化色彩也**不**一样。（留学生语料）

首先，限定性范围副词"就"不仅可以用于对范围、数量及程度的限定，而且可以用于承接上下文。例（21）中，母语学者在其研究过程中通过示例总结了"零形式指称"成立的条件，既有科学研究的理据，又有论证示例的阐述，"就"在该句中起到承接上文、引出结论的作用。而留学生在副词"就"的使用中主要用于强调数量多寡和范围限定，即着重于描述研究中的客观事实，而未通过深层次的阐述或论证得出令读者信服的结论，具体用例如（22）所示。在该例中，结合上下文语境，留学生用副词"就"表达研究中有关直播上课互动情况反馈人数的多寡，接着又分析提升直播课效果的反馈情况，并未在研究现象基础之上进一步分析其背后的理据和原因，更未能得出科学严谨的结论。其次是总括副词"都"，根据董秀芳（2003）的论证，"都"是句子中新旧信息的分界，位于"都"左侧的总括成分是已知信息，右侧的是未知信息。母语学者在学术论文写作中能够通过严密的逻辑论证，推演出新的结论，如例（23）中"时间、空间、事件语义角色和事情类型"是已知信息，"制约把字句的句法表现"是未知信息，这是母语学者基于客观事实、结合自己的学科背景和研究方法得出的研究结论，因而，针对同一研究问题，不同的学者因其方法和学科背景的差异也很可能会有不同的研究发现。母语学者通过副词"都"的使用有效实现了从已知到未知、从客观描述到主观评价的过渡，但留学生在使用该副词时主要用于总括研究对象，继而得出看似逻辑自洽却是读者已经完全了解的已知信息。例如在例（24）中，句中前半小句说明"学生母语非汉语"这一特征，后半句据此得出"这些学生的语言、文化背景与汉语学生有所不同"这一结论，看似合理，实则是读者们所能了解的已知信息，因而无需在研究中进一步交代。综上说明，留学生还不能够利用可信服的语言向读者呈现有价值的结论。最后，否定副词"不"是新 HSK 一级词汇，留学生早已习得该副词用法，而且也是他们在学术论文中的高频使用副词，但表 5 的 *p* 值和 *LL* 值显示，二者在该副词的使用上差异最为显著。史锡尧（1995）研究发现，副词"不"在否定某一种活动或事物的性质状态时，表示言者的主观意志或主观认定。例（25）中，母语学者敢于对当前研究成果和自身的研究提出质疑和不足，并在此基础上不断推进研究的进步，展现了母语学者扎实的学术功底和学术自信。通过观察留学生语料并结合例（26）发现，他们在研究中偏重于对研究现象的否定，而并未深入阐述造成"网络新词文化色彩不一"这一现象的原因。研究内容浮于表面，陈述观点时未遵守学术话语规约，读者难以与其产生学术共鸣。通过语料对比分析发现，留学生在学术汉语论文写作中过少使用上述副词，说明他们还未完全具备与读者进行学术互动和沟通的能力，学术篇章的学术互动元话语表达能力不足。而母语学者在篇章衔接上能够合理使用"都""就""不"等类副词表达自己对研究问题的学术立场和看法，并引导读者充分地理解篇章含义，具有较好的元话语表达能力，能够通过这类副词的使用衔接语篇、组织篇章片段，让读者能够与母语学者一同构建学术语篇，并认同自己的学术观点。

4.2.2　留学生学术汉语中过少使用副词的成因

一是由于词汇超纲，较难习得。按照新 HSK 词汇等级划分标准，在留学生过少使用副词中，"已""未""均""并"都属于超纲词汇，其中，前三个副词是学术汉语核心副词，在学术汉语论文撰写中出现频率较高，也是学术汉语论文语体特征的表现形式之一。这些副词的语义和用法特征较为复杂，留学生很难通过自学熟练掌握这些虚词的特征、语义结构和语用功能，更无法使用这些学术汉语核心副词连贯地表达深层复杂的逻辑意义。如果留学生无法正确理解这些高频虚词，那么在阅读文献、撰写研究报告或毕业论文时，可能无法全面理解学术文献的主旨大意，同时撰写论文时也会出现逻辑错误和层次混乱的现象，这类情况在来华留学生论文中屡见不鲜（张赪等 2020）。因此，这些虚词应该纳入教学大纲，编写到国际中文教育系列教材和教辅中，尤其是通用学术汉语的写作教材中，帮助留学生掌握这些高频核心副词的语义特征和用法，使其在学术汉语论文写作中能够利用上述核心副词实现学术语篇的表层衔接，并能在深层的逻辑层面实现自然连贯。

二是由于留学生学术篇章中学术互动元话语表达能力不足。在留学生过少使用副词中，"都""就""不"都可以用于表达作者的主观判断、评价和态度。这些副词不仅可以表达研究内容的命题意义，也是实现读者与作者双向交流的重要手段。因而，学术写作不仅传递概念信息，产出可信文本，而且还表达丰富的人际互动意义，实现作者与读者的双向交互（姜峰 2022）。母语学者通过这些副词元话语功能的使用表达了自身对研究内容的看法，将读者代入自己的学术语篇，进而有效建立起人际互动的学术语言交流模式。因此，在学术论文写作中，学术篇章中的人际互动是作者和读者在撰写和理解文本过程中通过对篇章的构建与重建达成共识，从而不断实现语篇语义和建构学术知识的目标（Jiang 2016），进而推动学术的交流与互动。但通过上述语料对比分析发现，留学生因学术素养能力受限，研究过程中阐述论证的话语说服能力较弱，致使其在研究过程中过于注重对命题内容和指称内涵意义的表达，即仅关注对研究对象和过程的客观描述，忽视了对其命题内容的态度和人际互动意义的表达。换言之，留学生难以使用读者认可的专业学术话语把研究发现和结论用科学理据呈现出来，很难使读者理解并接受他们的观点或研究结论，最终导致留学生的学术论文自说自话，缺乏客观严谨的逻辑推理和学术交流互动。因此，在学术论文写作教学中，教师应加强留学生元话语意识提升方面的教学。

5　结论与启示

鉴于当前来华留学生人数的增多，且学历生人数远超已过非学历生，根据教育部相关要求，掌握学术汉语写作能力不仅是他们获取学位证书的必要条件，也是开展专业学习和科学研究的必备技能，因此，学术汉语写作研究能够从理论层面推动学术汉语教学和教材编写。在学术汉语论文写作中，副词是作者用于衔接语篇和表达复杂逻辑推理的重要手段之一，也是学术汉语语体的重要表征，更是留学生学习的重点和难点。本研究基于自建学术汉语语料库，利用 Python 程序提取留学生和母语学者所使用的副词，并进行人工校对和分类，结合频数对比、*LL*值和*p*值结果，对比分析留学生副词使用与母语学者的异同，在此基础上分析其使用特征及成因。研究发现，在副词分类框架中，留学生使用的程度副词频数最多，而母语学者则是范围副词；此外，两者在程度副词和评注性副词使用上的差异较为显著。在核心副词方面，二者的核心副词占总副词比例较为接近，但使用频数仍存在显著差异，尤其是在核心时间副词使用上，二者的差异最为突出。在高频副词使用上，虽然二者在学术汉语论文写作中都倾向于使用高频副词，但留学生更加依赖于使用高频副词和核心副词来凸显其语体风格。结合具体语料进一步分析发现，因留学生的学术汉语语体意识薄弱、近义副词辨析能力不足，过度使用程度量级副词表达主观立场，误用副词衔接语篇。此外，由于部分词汇超纲，且留学生的学术互动元话语表达能力不足，致使其规避使用古汉语遗留词汇及用于表达人际互动的副词。

因此，在今后的国际中文教育教学中，第一，教师应改进学术汉语虚词词汇教学策略，加强副词教学，尤其是学术汉语核心副词教学，教学研究过程中注重培养留学生的学术研究思辨能力，提升留学生的学术汉语论文写作能力。第二，今后教学中教师应积极吸收国内外有关语体理论的研究成果，编订相关教材，提升书面语体，尤其是专门科技语体的教学，加强对留学生学术汉语语体意识的培养。第三，在学术论文写作教学及教材编写中，应重视对学术论文中常用的部分超纲虚词的讲授及科学编排，帮助学生更好地了解其语义、句法及语用规则。第四，日常教学和论文指导中应注重元话语的教学和使用，根据研究目的和性质的不同，引导学生合理使用篇章元话语和人际元话语，提升他们学术论文语篇的概念表达水平和人际互动能力。本研究仅分析了留学生在学术汉语写作中的副词使用特征，尚未涉及其他学术汉语核心虚词的考察。后续研究将在此基础上扩充语料内容，进一步探讨留学生对其他学术汉语核心虚词的使用特征。

参考文献

CRISMORE A. Talking with readers: metadiscourse as rhetorical act [M]. New York: Peter Lang, 1989.

DUSZAK A. Cross cultural academic communication: a discourse community view [C]// DUSZAK A. Culture and styles of academic discourse. Berlin/Boston: Mouton De Gruyter, 1997: 11-39.

EVENSON L, RYGH I. Connecting L1 and FL in discourse-level performance analysis [J]. Papers and Studies in Contrastive Linguistics, 1998, 22: 133-178.

GRANER S, TYSON S. Connector usage in the English essay writing of native and non-native EFL speakers of English [J]. World Englishes, 1996, 15(1): 17-27.

JIANG F. Dialogicity in written specialised genres [J]. Journal of English for Academic Purposes, 2016, 21: 133-135.

LEI L. Linking adverbials in academic writing on applied linguistics by Chinse students [J]. Journal of English for Academic Purpose, 2012, 11(3): 267-275.

MILTON J, TSANG E. A corpus-based study of logical connectors in EFL students' writing: directions for future research [C]//PEMBERTON R, TSANG E. Studies in lexis: working papers from a seminar. Hong Kong: Hong Kong University of Science & Technology Language Centre, 1993: 215-246.

陈全静，陈昌来. 评注性副词"显然"的衔接功能及话语标记划[J]. 汉语学习，2023（2）：25-32.

陈小荷. 主观量问题初探——兼谈副词"就"、"才"、"都"[J]. 世界汉语教学，1994（4）：18-24.

崔希亮. 汉语程度量级的主观立场表达[J]. 华文教育与研究，2022（2）：1-9.

董秀芳. "都"与其他成分的语序及相关问题[J]. 世界汉语教学，2003（1）：40-47.

高增霞. 副词"还"的基本义[J]. 世界汉语教学，2002（2）：28-34.

高增霞. 留学生研究生汉语学术论文写作需求及能力调查[J]. 云南师范大学学报（对外汉语教学与研究版），2020（6）：68-75.

黄庆启，薛蕾. 汉语国际教育视角下的学术汉语词汇特点研究[C]//云南师范大学. 第十三届国际汉语教学研讨会论文选. 云南：云南师范大学，2018：10.

汲传波. 韩国学生汉语学术论文中文言结构使用初探[J]. 汉语学习，2016(6)：77-85.

姜峰. 语料库与学术英语研究[M]. 北京：外语教学与研究出版社，2019.

姜峰. 近四十年国内外学术英语研究：主题与进展[J]. 外语教学与研究，2022，54（3）：413-424

黎运汉. 汉语风格学[M]. 广州：广东教育出版社，2000.

林颖. 语言、文学方向中外硕士生汉语学术写作语言特征对比研究[D]. 厦门：厦门大学，2018.

刘华，李晓源. 基于语料库的中医汉语主题词表构建[J]. 华文教学与研究，2022（2）：77-85.

罗一. 研究生英语论文中连接副词使用情况调查[J]. 解放军外国语学院学报，2003（1）：59-62.

马真. 程度副词在表示程度比较句式中的分布情况考察[J]. 世界汉语教学，1988（2）：81-86.

亓海峰，丁安琪，张艳莉. 汉语二语学习者学术汉语写作能力研究[J]. 四川师范大学学报（社会科学版），2022（1）：138-146.

钱隆，袁亮杰，王治敏. 学科融合视域下医学汉语学术词表的构建[J]. 云南师范大学学报（对外汉语教学与研究版），2023（3）：31-40.

邵敬敏，饶春红. 说"又"——兼论副词研究的方法[J]. 语言教学与研究，1985（2）：4-16.

史锡尧. "不"否定的对象和"不"的位置——兼谈"不"、副词"没"的语用区别[J]. 汉语学习，1995（1）：7-10.

唐文菊，汲传波. 留学生汉语学术口语中连接成分使用研究[J]. 国际汉语教学研究，2023（1）：85-96.

唐文菊，汲传波. 应用语言学汉语学术论文转述动词初探[J]. 语文学刊，2023（1）：20-29.

王笑然，王佶旻. 经贸本科专业学术汉语词表研究[J]. 语言教学与研究，2022（4）：9-19.

徐以中，杨亦鸣. 副词"都"的主观性、客观性及语用歧义[J]. 语言研究，2005（3）：24-29.

张博. 学术汉语词汇的主要特点及教学策略[J]. 世界汉语教学，2022（4）：517-530.

张赪，李加鎏，申盛夏. 学术汉语的词汇使用特征研究[J]. 语言教学与研究，2020（6）：19-27.

张谊生. 现代汉语副词研究（修订本）[M]. 北京：商务印书馆，2014.

张谊生. 现代汉语副词的性质、范围与分类[J]. 语言研究，2000（2）：51-63.

中华人民共和国教育部. 教育部关于印发《来华留学生高等教育质量规范（试行）》的通知 [EB/OL]. （2018-10-09）[2024-12-03]. http://www.moe. gov.cn/srcsite/

A20/moe_850/201810/t20181012_351302.html.

中华人民共和国教育部. 我国在册国际学生来自 195 个国家和地区学历生占比 76%[EB/OL].（2022-09-20）[2024-12-03]. http://www.moe.gov. cn/fbh/live/2022/ 54849/mtbd/202209/t20220920_663333.html.

朱明玉. 通用学术汉语词表研究[D]. 昆明：云南大学，2020.

通信地址： 430079　湖北省武汉市　华中师范大学语言与语言教育研究中心（杭建琴、张鸣宇）

430079　湖北省武汉市　武汉大学国际教育学院（张鸣宇）

基于机器学习的文本多维度英语写作评测模型探究[*]

广东海洋大学 黎曜玮 李良炎

提要: 自动写作评分是一项被广泛使用的外语智能教育技术,随着外语研究理论与相关自然语言处理技术的发展,越来越多新的自动写作评分模型被提出。目前,大多数的自动评分模型被指解释性较低、特征维度较少或特征选取的依据较弱。本研究为突破上述局限,结合多维度文本复杂度特征,通过细粒度文本质量指标分析评估作文整体质量,来构建具有多维有效特征的自动评分模型。研究发现:(1)本研究提出的自动评分模型拟合优度较好,模型解释性较强;(2)相比前人研究提出的模型,本研究模型的成绩预测准度较高;(3)模型计算选取的重要文本复杂度指标具有多维性,对后续研究具有参考意义。

关键词: 自动写作评分、多维度文本复杂度特征、模型构建

1 引言

近年来,在教育大数据智能算法优化的驱动下,信息技术赋能推进外语教学模式的发展与变革。自动写作评分(Automated Essay Scoring,简称 AES)是一项使用率较高的外语教育技术,对学习者写作过程提供动态自动评分、诊断性反馈与个性化技能指导。目前,国内使用人数较多的机评写作系统是句酷批改网在线平台,除了对该网站自动评分信、效度的研究(左映娟、冯蕾 2015;何旭良 2013),或探究该在线平台如何与线下课堂整合,构建多元写作教学机制(杨晓琼、戴运财 2015;石晓玲 2012),学界也关注到评改系统的反馈有效性,发现其反馈有助于提升学生作文的词汇多样性和复杂性(黄爱琼、张文霞 2018),促进学生自主写作与修改能力的发展(李广凤 2019),提高人工批阅过程的一致性、准确性与效率(Zhang 2013)。随着外语教育人工智能的普及,学界对自动评分算法框架的透明度、算法的可解释性、模型预测率不断进行验证与迭代(Zaidi 2016)。自动写作评分模型结合了自然语言处理、机器学习、特征工程与深度学习等技术对写作文本进行评分预测。传统的评分模型使用机器学习的算法(如线性回归模型、支持向量机等),对提取的写作

---

* 本文系广东海洋大学人文社会研究项目"深度神经网络机器文学翻译系统研发及平行语料库构建"(030301162306)的阶段性研究成果。黎曜玮为本文通信作者。
作者贡献:
黎曜玮:选题构思、数据收集、研究方法、数据分析、讨论结论、初稿撰写、字数占比(60%);
李良炎:选题构思、研究方法、数据分析、讨论结论、修改润色、字数占比(40%)。

文本表层语言特征（语言错误、词汇难度、句子长度等）与真实分数进行拟合（Kaplan *et al.* 1998）；近年逐渐采用人工神经网络计算深层的语义与内容（Latifi 2016），学习写作文本深度特征与评分的关联。目前，神经网络范式的评分算法在模型表现上较传统范式有所提高，但仍存在模型的解释性较低、特征维度较少或特征选取的依据较弱的问题。为了突破上述局限，后续的评分模型应基于以理论与实验驱动的多维度文本特征选取，进而实现高质量写作评分模型的构建。

2　文献综述

2.1　自动作文评分模型的相关研究

自动作文评分的主要方法可以分为三类：传统范式、深度神经网络范式与预训练范式。传统范式通常使用多元线性回归（Multiple Linear Regression）或排名系统（Ranking Systems）等机器学习模型，结合复杂的人工选取的文本特征指标评定作文（Rudner & Liang 2002；Attali & Burstein 2006；Phandi *et al.* 2015），指标主要基于语言学家的先验知识，即使在数据量较少的情况下，模型也可以取得良好的性能；深度神经网络范式近几年取得较大突破，达到与传统范式相当的结果（Taghipour & Ng 2016；Dong 2017；Tay *et al.* 2018），例如长短期记忆网络（LSTM）或卷积神经网络（CNN）可以自动发现并学习作文的复杂特征，促使自动评分过程成为一个端到端的任务，节省大量设计和提取文本特征的时间，在不同的写作任务中进行良好的转移。另外，部分学者结合传统文本特征和深度神经网络方法，将文本语言结构特征与语义特征进行向量化拼接，使文本表层结构与里层语义表征结合作为整体特征（Jin *et al.* 2018；Dasgupta *et al.* 2018；Uto *et al.* 2020）。预训练范式使用预训练语言模型作为初始的作文表征模块，并在作文训练集上对模型进行微调。预训练在众多自然语言处理任务中达到最先进的性能，但大部分方法（Uto *et al.* 2020；Rodriguez *et al.* 2019；Mayfield & Black 2020）在自动写作评分任务中未显示出优于其他深度学习方法的优势（Dong 2017；Tay et al. 2018）。据文献所知，Cao *et al.*（2020）和 Yang *et al.*（2020）的工作是超过其他深度学习方法的预训练方法，他们的改进主要来自训练的优化，前者采用了自我监督任务和领域对抗训练，后者结合了回归和排名来训练模型。

2.2　多维度文本复杂度量化特征

Housen *et al.*（2012）认为复杂度是一个现象或实体的属性或特质，它包括该实体组成部分的数量和性质，也涵盖组成部分之间关系的数量和性质。复杂度可以分为相对复杂度与绝对复杂度，相对复杂度具有主体主观性，指的是个体对文本难度与复杂性的感知，绝对复杂度则是文本客观程度上的难度与复杂性。自动写作评分模型的构建，应从客观的文本复杂度选取衡量二语水平的指标，增加评分模型的概化性、客观性、一致性与准确性。在 Housen *et al.*的著作中，绝对复杂度被系统分为多个维度，包括语言复杂度、语篇复杂度与命题复杂度。语言复杂度可分为语音复杂度、词素复杂度、词汇复杂度与句法复杂度。语篇复杂度多衡量语篇句子之间的衔接，或段落与整体语篇上下或前后的连贯性。命题复杂度则是话题主题的难度或深度。本研究考察的多维度文本复杂度量化指标，主要从语法拼写错误、语音复杂度、词素复杂度、词汇复杂度、句法复杂度与语篇连贯等方面展开。

Crossley *et al.*（2019）认为有效的写作需要掌握语言系统的知识，包括语法规则以及拼写和标点规则，在语言评测中语法、拼写的正误对写作质量具有较强的解释性，在不同学科和领域的写作中都占有重要地位。Tywoniw & Crossley（2020）指出：词素复杂度在第二语言习得研究中同样占主导地位，构词模式被视为需要发展的目标，比如变位构词一般晚于其他语法概念，变位构词的意识较早在幼儿语言产出中浮现，而派生构词的意识则与后续的词汇习得同步发展。词汇复杂度的测量作为一种语言学习者词汇丰富度与难度的估计方法，已经发展得较为成熟（Kyle *et al.* 2021），通过计算文本的字符形符比、词语信息密度、高低频词使用频率等指标，评测学习者使用词汇的复杂性及其相应的语言能力水平。

句法复杂度是衡量二语写作水平的重要构念，体现为句法结构多样性及复杂性的多项计量特征。目前，二语句法复杂度研究在不同颗粒度指标上有所分流，一类是对句法结构整体性测量的传统粗粒度指标（Ortega 2003），如 T 单位、子句数量；另一类是具体句式成分的精细化细粒度指标（Kyle & Crossley 2018），如定语修饰语、状语从句、被动型主语从句。但学界发现细粒度指标在写作质量与学习者语言水平的预测上，比粗粒度指标更有效（Bulté & Housen 2014；Crossley & McNamara 2014），部分学者也认为句法复杂度是多维立体的构念，粗粒度指标无法获取句法内部的精细化特征（Biber *et al.* 2011；Zhang & Lu 2022）。随着研究的深入，二语句法复杂度测量趋向于更全面化、精细化的发展，测量指标也逐渐从传统粗粒度向新型细粒度转移。然而，国内聚焦于精细化句法复杂度的实证研究仍然较少（李慧娴等 2022），现存研究主要聚焦在句法复杂度的粗粒度指标，鲜有文献探究细粒度句法指标对自动写作评分模型的影响效应。

语言连贯性一般指能帮助读者理解文本的元素，例如句子和段落间论点的重复、使用连接词连接句子和段落，以及文本内的因果关系等。语言连贯性可以基本分为局部连贯性和全局连贯性，前者指句子间的链接，后者指段落间更大文本片段的链接。有研究者认为测量文本连贯性非常重要，因为它可以帮助人们识别理解难度大的文本、不同文本体裁类型以及判断写作质量（Crossley *et al.* 2019）。

2.3　多维度文本复杂度指标选取

如表 1 所示，本研究在多个维度文本特征中，选出 327 项前人文献推荐较多或使用频率较高的文本特征指标。在计算语言错误层面，GAMET（Crossley *et al.* 2019）是一款易于使用的工具，它可以对文本进行扫描，统计结构错误和语言机制错误的出现次数，如语法错误、拼写错误、标点错误、空格错误和重复错误等。此外，GAMET 还可以标明文本中各类错误出现的具体行，并输出检查结果。本研究针对语言错误在 GAMET 分析结果中选取 6 项指标作为评分模型的计算参数。在计算语素复杂度层面，TAMMI（Tywoniw & Crossley 2020）可以计算与词形变化有关的基本词素个数、词素变化多样性、词素复杂性、词素类型频率统计等变量，也可以统计 MorphoLex 数据库中收录的词素频率与长度、词素家族数量和频率以及罕用词素等。在计算词汇复杂度层面，TAALED（Kyle *et al.* 2021）是一款用来计算文本词汇多样性的分析工具，它通过词性标注来区分同形异义词，并使用词根形式进行指数计算，还可以根据实词词根或功能词词根来进行计算，本研究选取推荐较多的移动平均字型符比（MATTR）、平均节段字型符比（MSTTR）与文本词汇丰富度测量（MTLD）的指标进行参数计算。在计算句法复杂度层面，L2SCA（Lu 2010）是一款计算传统二语句法复杂度的分析器，该工具使用 14 种不同测量指标分析书面英语文本的句法复杂度，包括单位长度、句子复杂度、从属句子使用量、并列结构使用量和特定短语结构五大类。TAASSC（Kyle & Crossley 2018）是针对二语句法复杂度最新研发的分析器，涵盖细粒度句法结构（子句、短语）、粗粒度句法结构（单位长度、句子复杂性、从属句子使用量、并列结构使用量、特定短语结构）与句法深度（基于谓语中心结构搭配频率）共 376 种不同测量指标以分析英语文本的句法复杂度，待分析的文本无须预处理，导入后进行自动断句、分词和词性赋码，并在指定的 CSV 表格中生成句法分析结果。TAASSC 在细粒度句法结构测量中，子句复杂度计算子句中各项从属结构的平均数量，共 31 项指标，短语复杂度计算每个名词短语类型中各项从属成分的平均数量，共 132 项指标。在计算语篇连贯性层面，TAACO（Crossley *et al.* 2019）分析计算英文文本局部和全局连贯性特征，包括衔接词、指示性代词、类型频率比例、句子和段落层面词汇重合度、局部与全局层面同义词重合度、局部与全局层面的语义相似度。TAACO 在研发的过程中对连贯特征统计进行了细微调整，例如将实词（名词、动词、形容词和副词）、功能词进行了细分，并利用依存解析器消除词形歧义。

表 1　文本多维复杂度测量指标

语言层面	数量	文本复杂度测量指标
语言错误	6	语法错误、拼写错误、合计错误、平均每百词上述各项错误个数
语音复杂度	1	使用python第三方库textstat批量计算写作文本词汇平均音节个数
语素复杂度	66	平均词素个数、词素变化多样性、词素复杂性（MCI）、词素类型频率、词素频率与长度、词素家族数量和频率统计、罕用词素统计
词汇复杂度	8	难度词个数、移动平均字型符比、平均节段字型符比、文本词汇丰富度测量
句法复杂度（粗颗粒）	14	单位长度、句子复杂性、从属句子使用量、并列结构使用量、特定短语结构
子句复杂度（细颗粒）	31	子句从属结构：名词性主语、主/被动型主语、直接宾语、间接宾语、代理名词、名词补语、形容词补语、连词、标记语、小品词、情态动词、主/被动语态助动词、介词修饰语、副词修饰语、并列结构、否定结构、存在结构、主/被动主语从句、状语从句、补语从句、介词补语从句、非限定性补语从句
短语复杂度（细颗粒）	132	名词短语类型：主/被动名词主语、名词补语、直接宾语、间接宾语、介词宾语、代理名词 短语从属成分：限定词、并列性连词、选择性连词、所有格、介词短语、名词修饰语、动词修饰语、形容词修饰语、副词修饰语、关系从句修饰语
语篇连贯性	69	衔接词、指示性代词、类型频率比例、句子和段落词汇重合度、局部与全局同义词重合度、局部与全局语义相似度

3　研究设计

3.1　研究目的与问题

本研究通过使用 Kaggle 数据分析竞赛平台上自动学生测评大赛（Automated Student Assessment Prize，简称 ASAP）的数据集进行自动写作评分模型的构建，选取其第一套以议论文为主题的作文数据集，共 1,783 篇，其中训练集为 1,443 篇、测试集 161 篇、验证集 179 篇。作文评分范围为 2—12 分，平均字数为 150—650 字，每篇作文最多 3 人评阅，评阅人依据提供的含 6 个等级的评分量表，对学生作文的英语语法、拼写、标点使用规范、内容思想、组织、框架进行综合评分。本研究拟使用机器学习算法中的多元线性回归模型与所选的 327 项文本特征指标进行训练与模型构建，拟回答以下问题：（1）模型的拟合优度如何？（2）与前人研究对比，模型的预测准确率如何？（3）有哪些文本特征对作文评分有较大影响效应？

3.2 研究步骤

首先，从 Kaggle 数据分析竞赛平台上的自动学生测评大赛下载数据集，使用 python 的第三方库 csv 对第一套作文数据集的表格进行编程，自动提取表格中英语作文的序号、成绩与文本。其次，使用 GAMET、TAMMI、TAALED、TAASSC 与 TAACO 软件计算文本的语法拼写错误、语音复杂度、词素复杂度、词汇复杂度、句法复杂度与文本连贯性，分析 1,604 篇（训练集+测试集）作文文本的 327 项语言复杂度计量特征。再次，通过 Python 的机器学习算法库 Scikit-Learn，对分析数据与作文成绩进行多元线性回归模型的构建，结合模型表现评估指标，选取重要的语言复杂度特征。最后，根据选取的评估指标，使用 Scikit-Learn 生成自动评分模型算法，并对 179 篇验证集作文进行自动评分，采用二次加权卡帕算法（Quadratic Weighted Kappa，简称 QWK）计算本研究的机器评分结果与数据集中人工评分的一致性。

4 数据分析与结果

4.1 多元线性回归模型表现

一般而言，多元线性回归的方差分析侧重分析模型是否成功，R 方侧重探讨模型的成功表现（即效应量）。本研究的多元线性回归算法在模型训练中进行 22 次迭代，最终模型拟合结果如表 2 所示。在方差分析（ANOVA）结果中，F = 234.984，显著性 P 值小于 0.001，说明模型构建成功。本研究的变量较多，为使拟合优度不受自变量个数影响，结果参考调整后 R 方，其数值大于 0.5，模型拟合优度较好，说明选取的特征指标对成绩具有较强的解释性，模型选取的指标解释了人工评分成绩的 74.3%的变异。

表 2 多元线性回归模型表现

R	R 方	调整后 R 方	标准估算误差	平方和	自由度	均方	F	显著性
0.864	0.746	0.743	0.780	4218.32	1782	143.04	234.984	0.000

4.2 本研究模型预测率与前人研究对比

本研究在自动写作评分模型构建成功的基础上，选取重要的文本特征指标，使用 python 第三方库 Scikit-Learn 生成自动评分模型算法，对 179 篇验证集学生英语作文进行自动评分，采用 QWK 算法计算机器评分结果与验证数据集原人工评分的一致性，表 3 为本研究结果与前人研究结果的对比。据表 3，本研究的 QWK 值为

0.835，最高的 QWK 值为 0.836，来自 Cao *et al.*（2020）与 Wang *et al.*（2022）的基于 LSTM 与 BERT 的神经网络算法模型，本研究模型的预测率与之相差 0.001 个单位精度，在目前众多提出的模型中排名第二，说明模型在理论依据与实验结果上存在自洽性，也为后续的研究提供了基于证据的理论参考。未来研究可以选取模型内权重较高的多维度指标，结合深度文本特征的学习，构建与成绩关联的自动评分模型框架。

表 3 自动评分算法模型表现对比

自动学生测评大赛（ASAP）作文数据集模型	QWK
EASE（SVR）（Phandi et al., 2015）	0.781
EASE（BLRR）（Phandi et al., 2015）	0.761
CNN（10 runs）+ LSTM（10 runs）（Taghipour & Ng, 2016）	0.821
Hierarchical LSTM-CNN-Attention（Dong et al., 2017）	0.822
SKIPFLOW LSTM（Bilinear）（Tay et al., 2018）	0.830
SKIPFLOW LSTM（Tensor）（Tay et al., 2018）	0.832
Dilated LSTM With RL（Wang et al., 2018）	0.776
HA-LSTM + SST + DAT（Cao et al., 2020）	0.836
BERT + SST + DAT（Cao et al., 2020）	0.824
R^2BERT（Yang et al., 2020）	0.817
BERT-DOC-TOK-SEG（Wang et al., 2022）	0.836
Tran-BERT-MS-ML-R（Wang et al., 2022）	0.834
Multiple Linear Regression + multi-dimensional complexity items	0.835

4.3 重要文本复杂度指标分析

在线性回归模型训练与剔除多重共线自变量的过程中，327 项文本复杂度指标里共有 22 项进入模型参数，表 4 为模型的重要文本复杂度指标及其权重系数。由表 4 可知，进入模型的复杂度指标分布较广、具有多维性，说明作文的成绩受到多层面的文本复杂度影响。语言错误对成绩的效应量主要体现在拼写错误，在二语写作中学生容易出现的是拼写上的问题，也是评阅教师在评阅过程中易于观察到的参考性指标。在语素层面，效应量较大的是单词的屈折变化复杂性与多样性，屈折变化往往出现在词序和词汇掌握之后，涉及词语形态知识和灵活应用能力，能在二语初、中级阶段体现语言能力的发展。在词汇层面，复杂度指标较为全面与合理，涵盖了文本单词总量（即文本长度）、词汇使用的多样性与词汇深度（高难度词语的比例），符合评阅教师的评阅认知过程，因为在评阅的过程中经常会发现，语言能力较强的学生，在写作中的语言产出量会比语言能力较弱的高，篇幅一般也会较长，也倾向使用多样化的表达及高级的词语或搭配,这些都是评阅教师可以直观感受到的。在句法层面，6 项指标均为细颗粒度句法指标，说明本研究结果与前人一致，细粒度指标在写作质量与学习者语言水平的预测上，比粗粒度指标更有效。另外，在细颗粒度指标中，短语复杂度指标占的比例较大（共 5 项，xcomp_per_cl 为子句复杂度层面），说明在句法复杂度的考量上，短语复杂度的变化更能预测与评估学生二语水平发展的情况。语篇连贯层面，效应量主要在相邻句子的语义关系上，句子间语义相似度越高，越体现学生写作中逻辑的连贯度与紧密性。另外，衔接词也是重要的考察指标，本研究认为衔接词指标选取应基于写作主题与体裁，不同主题与体裁使用的衔接机制应有所不同，本研究的数据是以"电脑对人们的影响"为主题的议论文，在写作中应体现正确的观点、合理的论点与逻辑充分的论据。信息技术对于人类社会是积极正向的，学生在作文中是否使用表明积极情绪与体现原因讨论的连接词，会影响评阅教师对学生写作质量的判断。

表 4　模型的重要文本复杂度指标

语言层面	数量	指标及其权重系数
语言错误	1	misspelling_per_100_words（平均百词拼写错误个数，−0.077）
语素复杂度	7	inflectional MCI（屈折变化词素复杂指标，**−0.118**）、mean subset inflectional variety（平均子集屈折变化多样性，**0.229**）、inflectional TTR（屈折变化类形符比，**−0.171**）、root_family_size_per_cw（每实词词根家族大小，−0.039）、number_suffixes_per_cw（每实词后缀数量，0.056）、derivational MCI（派生词素复杂度指标，−0.056）、suffix_freq_per_word_w_suff（带后缀单词的后缀频率，−0.030）
词汇复杂度	3	nwords（单词总量，**0.565**）、mtld_ma_bi_aw（双向移动平均 MTLD，0.086）、difficult_words（难度词占比，**0.154**）
句法复杂度	6	xcomp_per_cl（平均分句的非限定性补语从句个数，−0.03）、poss_iobj_deps_struct（平均间接宾语的所有格个数，0.046）、nn_nsubj_deps_struct（平均名词主语的名词主语从属名词个数，0.047）、poss_pobj_deps_NN_struct（平均介词宾语的所有格个数，0.027）、av_agents_deps（平均中介语的从属结构个数，−0.026）、det_iobj_deps_struct（平均间接宾语的限定词个数，−0.024）
语篇连贯性	5	word2vec_2_all_sent（平均两个相邻句子语义相似度，0.079）、lsa_1_all_sent（平均相邻句子潜在语义相似度，−0.072）、reason_and_purpose（表示原因与目的的词语个数，−0.048）、all_positive（表积极的连词个数，0.049）、determiners（限定词个数，0.043）

4.4　本研究自动评分模型矩阵算式

图 1 为本研究英语写作自动评分模型的矩阵算式，y代表每篇写作文本模型预测的分数，X代表由线性回归模型通过 22 次迭代产生的 22 项可以预测写作文本质量的重要语言计量指标，β则为每项计量特征指标对应的模型权重，e为线性回归模型的误差项，旨在控制随机因素导致的实际值与预测值之间的偏差。本研究的算法模型整体矩阵计算公式为$y = X\beta + e$，未来的研究可以通过该算式与相应的指标参数构建自动评分模型，部署在本地的写作评分系统内。

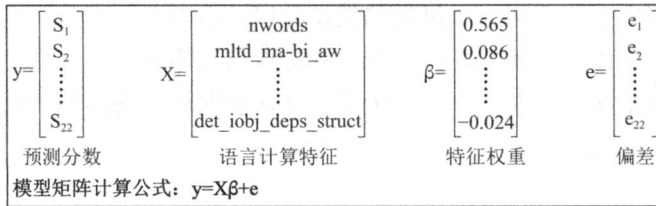

$$y = \begin{bmatrix} S_1 \\ S_2 \\ \vdots \\ S_{22} \end{bmatrix} \quad X = \begin{bmatrix} \text{nwords} \\ \text{mltd\_ma-bi\_aw} \\ \vdots \\ \text{det\_iobj\_deps\_struct} \end{bmatrix} \quad \beta = \begin{bmatrix} 0.565 \\ 0.086 \\ \vdots \\ -0.024 \end{bmatrix} \quad e = \begin{bmatrix} e_1 \\ e_2 \\ \vdots \\ e_{22} \end{bmatrix}$$

预测分数　　　　　语言计算特征　　　　　特征权重　　　　偏差

模型矩阵计算公式：$y = X\beta + e$

图 1　评分模型矩阵算式

5　结论

本研究主要有以下发现：（1）本研究提出的自动评分模型拟合优度较好，模型解释性较强；（2）相比前人研究提出的模型，本研究模型的成绩预测准度较高；（3）模型计算选出的重要文本复杂度指标具有多维性。

本研究对外语智能评测的发展具有启示意义：应考虑更多维度的文本复杂度特征，将更多细粒度指标纳入自动评分模型作为考量权重；目前多数模型使用 CNN、LSTM 或 Transformer 等序列模型，将来可以探索更深层次和多模态的模型架构；注重模型可解释性，解释模型如何得出评分，促进人机协作和评分标准迭代优化；注重写作元素和技巧的识别，比如论点支持、语气提示词等更细致的写作要素，有助于提高评分质量；考虑写作目的（说服、叙事等）和语境（学科、文化等）对模型评分标准的影响；加强格式和组织结构评估能力，利用项目知识图谱等技术更好评估写作框架；关注公平性问题，不同人群写作风格和题材可能影响评分是否公平无偏；智能评测技术最首要的出发点，应是与教学深入融合，评分技术促进写作能力培养，不仅限于写作水平判断。

参考文献

ATTALI Y, BURSTEIN J. Automated essay scoring with e-rater v.2 [J]. The Journal of Technology, Learning, and Assessment, 2006, 4(3).

BIBER D, GRAY B, POONPON K. Should we use characteristics of conversation to measure grammatical complexity in L2 writing development? [J]. TESOL Quarterly, 2011, (1): 5-35.

BULTÉ B, HOUSEN A. Conceptualizing and measuring short-term changes in L2 writing complexity [J]. Journal of Second Language Writing, 2014, (1): 42-65.

CAO Y, JIN H, WAN X, et al. Domain-adaptive neural automated essay scoring [C]//HUANG J, CHANG Y, CHENG, X, et al. SIGIR'20: Proceedings of the 43rd International ACM SIGIR Conference on Research and Development in Information. New York: Association for Computing Machinery, 2020: 1011-1020.

CROSSLEY S, BRADFIELD F, BUSTAMANTE A. Using human judgments to examine the validity of automated grammar, syntax, and mechanical errors in writing [J]. Journal of Writing Research, 2019, 11(2): 251-270.

CROSSLEY S, MCNAMARA D. Does writing development equal writing quality? A computational investigation of syntactic complexity in L2 learners [J]. Journal of Second Language Writing, 2014, (1): 66-79.

CROSSLEY S, KYLE K, DASCALU M. The tool for the automatic analysis of cohesion 2.0: integrating semantic similarity and text overlap [J]. Behavioral Research Methods, 2019, 51(1): 14-27.

DONG F, YUE Z, YANG J. Attention-based recurrent convolutional neural network for automatic essay scoring [C]//LEVY R, SPECIA L. Proceedings of the 21st Conference on Computational Natural Language Learning (CoNLL 2017). Cambridge: MIT Press, 2017: 153-162.

DASGUPTA T, NASKAR A, DEY L, et al. Augmenting textual qualitative features in deep convolution recurrent neural network for automatic essay scoring [C]//Proceedings of 5th Workshop on Natural Language Processing Techniques for Educational Applications. Cambridge: MIT Press, 2018: 93-102.

HOUSEN A, KUIKEN F, VEDDER I. Dimensions of l2 performance and proficiency: complexity, accuracy and fluency in SLA [M]. Amsterdam: Benjamins, 2012.

JIN C, HE B, HUI K, et al. A two-stage deep neural network for prompt-independent automated essay scoring [C]//GUREVYCH, MIYAO Y. Proceedings of the 56th Annual Meeting of the Association for Computational Linguistics. Cambridge: MIT Press, 2018: 1088-1097.

KAPLAN R, WOLFF S, BURSTEIN J, et al. Scoring essays automatically using surface features [J]. ETS Research Report Series, 1998, (2): i-12.

KYLE K, CROSSLEY S. Measuring syntactic complexity in L2 writing using fine-grained clausal and phrasal indices [J]. The Modern Language Journal, 2018, (2): 333-349.

KYLE K, CROSSLEY S, JARVIS S. Assessing the validity of lexical diversity using direct judgements [J]. Language Assessment Quarterly, 2021,18(2): 154-170.

LU X. Automatic analysis of syntactic complexity in second language writing [J]. International Journal of Corpus Linguistics, 2010, 15(4): 474-496.

LATIFI S. Development and validation of an automated essay scoring framework by integrating deep features of English language [D]. Edmonton: University of Alberta, 2016.

MAYFIELD E, BLACK A. Should you fine-tune BERT for automated essay scoring? [C]//BURSTEIN J, KOCHMAR E, LEACOCK C, et al. Proceedings of the 15th Workshop on Innovative Use of NLP for Building Educational Applications. Cambridge: MIT Press, 2020: 151-162.

ORTEGA L. Syntactic complexity measures and their relationship to L2 proficiency: A research synthesis of college-level L2 writing [J]. Applied Linguistics, 2003, (4): 492-518.

PHANDI P, CHAI K, NG H. Flexible domain adaptation for automated essay scoring using correlated linear regression [C]//MÀRQUEZ L, CALLISON-BURCH C, SU J. Proceedings of the 2015 Conference on Empirical Methods in Natural Language Processing. Cambridge: MIT Press, 2015: 13745-13753.

RODRIGUEZ P, JAFARI A, ORMEROD C. Language models and automated essay scoring [J/OL]. 2019. https://doi.org/10.48550/arXiv.1909.09482, 2019.

RUDNER L, LIANG T. Automated essay scoring using Bayes' theorem [J]. Journal of Technology Learning & Assessment, 2002,1(2): 3-21.

TAGHIPOUR K, NG H. A neural approach to automated essay scoring [C]//SU J, DUH K, CARRERAS X. Proceedings of the 2016 Conference on Empirical Methods in Natural Language Processing. Cambridge: MIT Press, 2016: 1882-1891.

TAY Y, PHAN M, TUAN L, et al. Skipflow: incorporating neural coherence features for end-to-end automatic text scoring [C]//MCILRAITH S, WEINBERGER K. Proceedings of the Thirty-Second AAAI Conference on Artificial Intelligence. Washington: AAAI Press, 2018: 5948-5955.

TYWONIW R, CROSSLEY S. Morphological complexity of L2 discourse[C] // FRIGINAL E, HARDY J. The Routledge handbook of corpus approaches to discourse analysis. New York: Routledge, 2020: 269-297.

UTO M, XIE Y, UENO M. Neural automated essay scoring incorporating handcrafted features [C]//SCOTT D, BEL N, ZONG C. Proceedings of the 28th International Conference on Computational Linguistics. Cambridge: MIT Press, 2020: 6077-6088.

WANG Y, WEI Z, ZHOU Y, et al. Automatic essay scoring incorporating rating schema via reinforcement learning [C]//RILOFF E, CHIANG D, HOCKENMAIER J, et al. Proceedings of the 2018 Conference on Empirical Methods in Natural Language Processing. Cambridge: MIT Press, 2018: 791-797.

WANG Y, WANG C, LI R, et al. On the use of BERT for automated essay scoring: joint learning of multi-scale essay representation. [J/OL]. https://doi.org/10.48550/arXiv. 2205. 03835, 2022.

YANG R, CAO J, WEN Z, et al. Enhancing automated essay scoring performance via fine-tuning pre-trained language models with combination of regression and ranking [C]//COHN T, HE Y, LIU Y. Findings of the Association for Computational Linguistics: EMNLP 2020. Cambridge: MIT Press, 2020: 1560-1569.

ZAIDI A. Neural sequence modelling for automated essay scoring [D]. Cambridge: University of Cambridge, 2016.

ZHANG M. Contrasting automated and human scoring of essays [J]. R&D Connections, 2013, 21(2).

ZHANG X, LU X. Revisiting the predictive power of traditional vs fine-grained syntactic complexity indices for L2 writing quality: The case of two genres [J]. Assessing Writing, 2022, (1): 1-14.

黄爱琼, 张文霞. 英语作文自动评价反馈对学生词汇修改的影响——以批改网为例[J]. 现代教育技术, 2018（7）: 71-78.

何旭良. 句酷批改网英语作文评分的信度和效度研究[J]. 现代教育技术, 2013（5）: 64-67.

李广凤. 基于自动评价系统的多元反馈对英语作文修改的影响研究[J]. 外语教学, 2019（4）: 72-76.

李慧娴, 郑咏滟, 秦文娟. 精细化句法复杂度对写作质量预测效果的研究[J]. 解放军外国语学院学报, 2022（4）: 61-69.

石晓玲. 在线写作自动评改系统在大学英语写作教学中的应用研究——以句酷批改网为例[J]. 现代教育技术, 2012（10）: 67-71.

杨晓琼, 戴运财. 基于批改网的大学英语自主写作教学模式实践研究[J]. 外语电化教学, 2015（2）: 17-23.

左映娟, 冯蕾. 大学英语写作的评分标准维度研究——基于 Writingroadmap 和批改网的评分对比[J]. 现代教育技术, 2015（8）: 60-66.

通信地址： 524088　广东省湛江市　广东海洋大学外国语学院（黎曜玮）

400044　重庆市　重庆大学外国语学院（李良炎）

公共卫生广播新闻语篇中的国家形象建构话语策略研究

浙江外国语学院 郁伟伟

提要: 本研究应用话语历史分析法,分析了 CGTN 公共卫生广播新闻语料库中有关国家形象构建的主题内容、互文性及所采用的 5 类话语策略。通过考察高频词汇的语义搭配网络,探讨其在中国国家形象构建中的功能和效果。研究发现,主题词和话题分为:公共卫生事件、经济、被报道者身份和态度词汇。语料库主要重复使用表示自身态度的积极词汇,同时引用包括中外谚语、法律法规条例在内的显性互文性话语。语料库的话语策略包括:命名策略中的被报道者身份、人称代词等;述谓策略中的积极和消极的形容词、谓词等;论辩策略中的影响、数字、法律和秩序、财富等;视角化策略中的被报道者身份等;强化/弱化策略中的程度副词等。语篇构建了中国在全球公共卫生事件来临时,主动面对困境、有担当有责任感的负责任大国的正面形象。

关键词: 话语历史分析法、国家形象、话语策略

1 引言

Smith(1971:10)指出,在形成一个国家形象的所有因素中,媒体在国家形象的构建和传播中发挥了决定性的作用。我国的外文新闻媒体,如 Xinhua News Agency、CGTN、《人民日报》海外版、China Daily,作为对外传播的窗口,对国家形象的建构和对外传播起到了关键性作用。徐小鸽(1996:36)指出,国家形象是指"一个国家在国际新闻流动中所形成的形象,或者说是指一国在他国新闻媒介的新闻和言论报道中所呈现的形象"。胡晓明(2011:22)也曾阐明,一个国家的国家形象包括一个人对一个国家的认知,这种认知"基于这个人的学习、个人经验、书知和从媒体获取的知识,以及这个人的社会关系"。

对话语历史分析法(discourse-historical approach,简称 DHA)的研究集中于新闻媒体、社交网络,如新浪微博等,研究方法也以批判话语研究、语料库研究为主,如 Liu *et al.*(2022)、Lv & Li(2021)、Tao(2021)、Yu *et al.*(2023)、Zhang *et al.*(2022)等。

利用语料库分析方法与批判性话语分析的话语历史分析法,Liu *et al.*(2022)研究了三家报纸《中国日报》《纽约时报》和《南华早报》关于 COVID-19 疫苗安全性

和有效性的话语主题、话语策略以及语言手段和实现。Lv & Li（2021）运用语料库辅助的 DHA，通过主题词和索引行分析，研究了 COVID-19 暴发后，《纽约时报》对中国形象的建构。Tao（2021）运用话语历史分析法（DHA）探讨了中国微博服务中最受欢迎的社交微博服务之一新浪微博上的中国用户针对方使用的创造性话语策略，包括姓名模仿策略、发问反问和构造性对话。Yu et al.（2023）运用语料库辅助的批判性话语分析，通过搭配和索引行分析，研究了新华社 8,895 篇关于中国在疫情防控期间的英文新闻报道中的语义韵，并通过 DHA 中的话语策略分析索引行结果。Zhang et al.（2022）运用 Reisigl 和 Wodak 的 DHA、多模态视角以及 van Leeuwen 的视觉社会行为者网络，通过定量和定性分析，研究了中国官方新闻机构《人民日报》在 TikTok 上构建集体身份使用的参考、陈述、论证、视角化以及强化/缓和等话语策略。

国内对 DHA 的研究起步较晚，关注尚不够充分。从研究层次看，既有理论研究，也有应用研究，以后者为主。从早期的引介（辛斌 1996，2017；黄国文、徐珺 2006；田海龙 2008；赵林静 2009；尤泽顺、陈建平 2010；张德禄、刘秀丽 2011；季丽珺 2013；项蕴华 2013；杨敏、符小丽 2018a）到后来的应用研究，使用了不同的术语，如话语历史（分析）法、语篇—历史视角、话语历史分析、历史语篇分析等，应用研究主要集中于新闻媒体报道和政治演讲语篇（杨漪漪 2017；杨敏、符小丽 2018b；王磊、周乔，2021；曾蕊蕊 2023），涉及的主题包括中美中欧的经济（董丹 2018）和摩擦（张鹏、侯福莉 2023；胡元江、李艳 2023），国家形象的建构（张睿、常红宁 2021），外语教育（张玮伦 2021）等方面。

综上所述，从研究内容看，既有政治语篇，如政治演讲，也有经济语篇，如能源公司身份构建、环保话语、贸易冲突。研究步骤主要以应用 DHA 的三个分析步骤，即主题和内容、互文性分析和话语策略为主。

2　理论基础

DHA 作为批判话语研究的一种研究路径，"与 Fairclough（1992，2003）的'辩证-关系分析法'及 van Dijk（2008）的'社会认知分析法'并列为当今批评话语分析研究领域的三大主要方法"（李菁菁 2017：61-62）。"在英语国家，代表着研究话语的最杰出的批判性方法之一"（Reisigl 2018：44）。DHA 由 Wodak 和奥地利维也纳大学的合作者创建，首次研究为追踪分析 1986 年奥地利总统选举运动时的典型反犹话语（杨敏、王敏 2019：348）。

其研究范式的创立与研究主题（对象）的发展大致经历了 4 个阶段（Reisigl 2017：44-46；陈晗霖 2023：854-855）。第一阶段（1987—1993 年）是萌芽时期，维也纳批判话语分析，如 Wodak et al.（1990）。第二阶段（1993—1997 年）推进了研究范式的初步确立，DHA 在维也纳得到制度化，如 Wodak（1996）。第三阶段（1997—2003 年）标志着研究范式的成熟，研究中心"话语、政治、身份"成立，如 Wodak（1999，2001）、Wodak & Ludwig（1999）、Wodak & Meyer（2009）、Wodak & Vetter（1999）和 Reisigl & Wodak（2001）。第四阶段（2004 年至今）注重研究范式的运用和优化，DHA 进一步国际化，如 Wodak（2008，2009，2015）、Wodak & Forchtner（2018）、Wodak & Meyer（2016）、Reisigl & Wodak（2009，2016）。

Reisigl & Wodak（2001：45，2016：33）对 5 种话语策略做了详细阐释。命名/指称策略通过话语构建和代表社会行为者、物体、现象、事件、过程和行为。述谓策略进行（积极或消极）的语言评价描述，考察对社会行为者、物体、现象/事件和过程赋予的特征、品质和特点。论辩策略可以对正面和负面的归属进行合理化，对真实性和规范正确性主张辩护和质疑。视角化策略关注说话者或写作者定位自身观点，表达在话语中的参与度或疏远感。弱化策略或强化策略有助于通过加强或削弱种族主义、民族主义或民族主义言论的言外之意来修饰和改变话语的认知或道义地位。

3 研究语料和方法

公共卫生广播新闻语料库（Corpus of Public Health Broadcasting News，简称 CPHBN）是一个由笔者收集自中国环球电视网（CGTN）包含 50 多万英语语料的公共卫生电视广播新闻语料库。

在进行时态层、介入资源层和被报道者角色层的标注时，本文采用"质性数据标注器 1.1"（BFSU Qualitative Coder 1.1，许家金、贾云龙 2011）。该软件是一款人工质性标注的软件，可以使用用户自定义的标签对文本进行分类标注。

同时，笔者登录 CNN 的转写文本网站（https://transcripts.cnn.com/），根据 China 和 COVID 的检索词，收集 2020 年 1 月 1 日—2022 年 11 月 4 日与全球公共卫生事件相关的对中国的新闻报道，建成 CPHBN 的 CNN 参照语料库，用于提取 CPHBN 的主题词。

本研究所使用的语料库分析工具主要包括用于英语单语检索的软件 WordSmith 6.0，对检索结果进行统计分析的工具 PowerGREP 以及用来分析主题词及其语义搭配网络的 LancsBox X。

4 结果和分析

参照曾蕊蕊（2023）的研究步骤，本节主要分为 3 步。首先，根据 CNN 广播新闻参照语料库，找出 CPHBN 中的前 20 位高频主题词，确定该语料库的具体内容和主题词。其次，通过使用 LancsBox X 的 GraphColl 功能观察 CGTN 目标语料库中前

20 位主题词之间的共现搭配，通过节点词的重复及引用，展示语料库文本之间的互文性（Intertextuality）。最后，总结语料库具体使用了哪些话语策略，讨论这些话语策略如何构建积极正面的中国国家形象。

4.1　主题词分析

利用 LancsBox X 的主题词功能，以 CNN 广播新闻参照语料库为参照语料库，提取 CPHBN 中与 CNN 有显著差异的前 20 位高频主题词。

前 20 位高频主题词中，与公共卫生事件有关的词汇共有 8 个，分别为：coronavirus、pandemic、covid-19、medical、patients、hospital、epidemic 和 online，表明其全球普遍传播性（pandemic），术语的发展过程（coronavirus、covid-19），及卫生事件本身主要涉及产生的影响（epidemic），如学校改为线上（online）授课和学习。与经济有关的词汇共有 2 个，分别为 production 和 companies，表明经济发展活动中，卫生事件主要对生产（production）和公司（companies）的影响最大，发展生产以及公司开工是新闻报道主要关心的内容。与身份有关的词汇共有 5 个，分别为：team、reporter、director、students 和 staff，表明新闻报道的主体为报道记者（reporter），被报道的对象主要涉及医护团队（team）、医疗人员（staff），消息的来源主要以（国家卫健委等机构的）主任（director）为主，学生（students）的在线学习也成为报道关心的内容。体现态度的词汇有 3 个，分别为 help、such 和 prevention。

上述词语反映了我国向世界传达的国家形象：关注公共卫生事件、努力恢复和发展生产、权威直接发声、重视发展教育。

4.2　互文性分析

Bakhtin（1986：94）指出，"互文性基本上是指文本具有包含其他文本片段的属性"。Kristeva（1986：39）则认为，互文性意味着将"历史（社会）插入文本中，并将这个文本插入历史"。Fairclough（1992）将互文性分为两类：显性互文性和建构互文性，后者也称为篇际互文性。Wodak 继承并发展了互文性，将其运用在 DHA 中，认为互文性"意味着文本与其他文本相互联系，无论是在过去还是在现在"（Reisigl & Wodak 2016：28）。篇际互文性表示"各种方式中的话语相互关联"（Reisigl & Wodak 2016：28）。

曾蕊蕊（2023：13）指出，"中国形象建构中有两种常用的互文模式：不断重复使用表示'自我'态度的词汇，以强调'自我'的政策主张、与'他者'的共同利益以及平等友好关系；引经据典，向'他者'展示"自我"从古至今、一以贯之的'以人民为中心''共同发展''维护世界和平'的政策主张"。

首先，应用 LancsBox X 的 GraphColl 功能，我们检索了前 20 位主题词的共现搭配词网络，如图 1 所示。

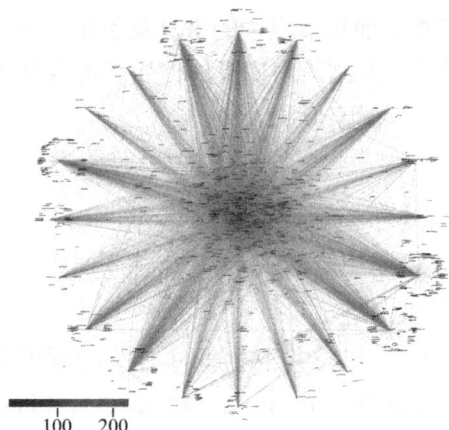

100　200

图 1　CPHBN 中前 20 位高频主题词的共现搭配词网络

由图 1 可以得到其中前 20 位高频共现实词。20 个高频主题词的共现搭配实词共有 3 个，分别为：Wuhan、China 和 outbreak。19 个高频主题词的共现搭配实词共有 6 个，分别为：pandemic（除 such 外）、Beijing（除 reporter 外）、Chinese（除 staff 外）、Shanghai（除 students 外）、work（除 students 外）和 covid-19（除 staff 外）。18 个高频主题词的共现搭配实词共有 5 个，分别为：says（除 reporter 和 staff 外）、China's（除 hospital 和 students 外）、health（除 companies 和 production 外）、coronavirus（除 coronavirus 和 such 外）和 help（除 production 和 director 外）。16 个高频主题词的共现搭配实词共有 3 个，分别为：new（除 companies、such、prevention、director 外）、say（除 reporter、production、team 和 director 外）和 epidemic（除 reporter、epidemic、students 和 patients 外）。15 个高频主题词的共现搭配实词共有 3 个，分别为：local（除 reporter、such、production、director 和 students 外）、medical（除 reporter、companies、production 和 prevention 外）和 time（除 companies、production、prevention 和 staff 外）。因此，由图 1 可以看出，CPHBN 语料库中反复出现的主题和其共现词包括 pandemic、covid-19、coronavirus、help、epidemic 和 medical 等，凸显了 CGTN 新闻报道的关注焦点。

采用 LancsBox X 的 KWIC 功能，我们用 CQL 表达式/punc=""/检索了 CPHBN 语料库中所有的由双引号构成的直接引用，共返回 9,510 例，分布于 747/766 个文本中（CPHBN 语料库共包含 766 个文本）。我们筛选出其中引用中外经典、谚语及中外法律法规的部分例句，进行定性分析如例（1）和例（2）所示。

（1）But authorities say blood plasma is no "magic bullet." (new_CGTN_THE WORLD TODAY_20200215.txt)

（2）As the Chinese saying goes, "a timely snow promises a good and prosperous year". (new_CGTN_THE WORLD TODAY_20201215.txt)

例（1）引用了专家的观点，认为血浆不是"灵丹妙药"，这里使用"magic bullet"，使得目标语的英语读者激活自身文化中的相应概念，便于理解，同时消除一些民众的疑虑。例（2）引用了中国传统谚语"瑞雪兆丰年"，表明随着疾病向好，滑雪旅游回归大众视野，游客数量攀升。

综上所述，CPHBN 语料库主要重复使用表示自身态度的积极词汇，同时引用包括中外谚语、法律法规条例在内的显性互文性话语，强调中国抗疫符合全球人民的共同利益、共同福祉，突出政策的合法性和正当性。全球人民应该合作，而非分裂，构建全球命运共同体。

4.3　话语策略分析

DHA 的第三个步骤为调查话语策略，我们将从命名策略、述谓策略、论辩策略、视角化策略和强化策略/弱化策略 5 个方面分析。其中命名策略和视角化策略结合被报道者身份的分布特征进行分析；述谓策略、论辩策略和强化策略/弱化策略则应用 USAS 赋码集（链接：http://ucrel.lancs.ac.uk/usas），在语义分析的基础上进行分析。

4.3.1　命名策略

结合图 2 可知，新闻报道更倾向于选择引用具体的权威人士的观点和态度，包括政治人物、政府、国家和超国家机构、（医疗）专家和科学家、其他精英、家喻户晓的人物及公司，而对于普通人、泛指以及地缘或文化上与读者相近的地点的具体名称使用频次显著减少。

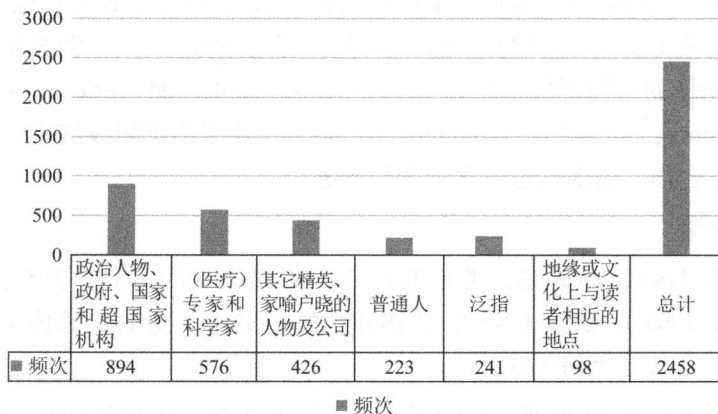

	政治人物、政府、国家和超国家机构	（医疗）专家和科学家	其它精英、家喻户晓的人物及公司	普通人	泛指	地缘或文化上与读者相近的地点	总计
频次	894	576	426	223	241	98	2458

■ 频次

图 2　CPHBN 中被报道者身份的分布

此外，"对于建构自身形象的政治话语来说，说话者的重要任务和使命是积极建构听众认可的'自我'正面形象，拉近与听众的距离，博得听众的信任和支持，将

'他者'认知转化为'他者'认可，形成集体身份认同"（曾蕊蕊 2023：14）。

4.3.2 述谓策略

本文结合例（3）和例（4）中的具体例句分析其对构建积极正面的国家形象的作用。

（3）Authorities say they will inform the public as soon as they find the result. (new_CGTN_ASIA TODAY_20200519.txt)

（4）Officials say they hope the study in Wuhan contributes to global efforts to spot and stem future outbreaks. (new_CGTN_ASIA TODAY_20210527.txt)

例（3）中，被报道者为政治人物、政府、国家和超国家机构（authorities），报道动词采用现在时（say），为承认资源，被报道动词采用意图现在将来时（will）。该句用来强调一旦有了调查结果，将会在第一时间发布给公众。直接采用以权威人士的原来说话时刻为参照点的时态，突出了新闻的时效性和现场感，拉近了与观众的距离，争取了观众的支持，同时树立了权威人士负责任、工作效率高的正面形象。

例（4）中，被报道者为政治人物、政府、国家和超国家机构（officials），报道动词采用现在时（say），为承认资源，被报道动词采用意图绝对现在时（hope、contributes）。这表达了报道者对引语内容的肯定，同时开放对话空间，采用开放包容的态度，允许其他声音的存在，由此树立了中国负责任大国的正面形象。

此外，我们通过检索 USAS 赋码集，考察与 China 搭配的带有评价意义的词汇，包括评价（A5）、评价：好/坏（A5.1）、评价：正/误（A5.2）、评价：准确性（A5.3）和评价：真实性（A5.4）。研究发现，与 China 搭配的词共有 26 例表评价的，其中多数为构建积极的中国形象的谓词，如：helps、controlled、prioritizes、expects、approves、honors、normalizes、pursues、needs，表明了中国积极抗疫，人民生命至上，倡导国际合作，追求疫苗平等的积极形象。

4.3.3 论辩策略

通过检索 USAS 赋码集，考察带有以下 4 类意义的词汇。影响：原因/联系（A2.2）；数字（N1）、数量（N5）；法律和秩序（G2.1）；金钱：总体（I1）、金钱：富裕（I1.1）、金钱：负债（I1.2）。

第一，"影响：原因/联系（A2.2）"共返回 1,803 例，分布在 581/766 个文本中。CPHBN 语料库中使用诸如 after、base、basis、begat、cause 等，表明了句中的因果关系，说明了结论的可靠性和准确性，增强了说服力，强化了中国的正面形象。

第二，"数字（N1）"共返回 9,260 例，分布在 741/766 个文本中；检索"数量（N5）"，共返回 2,583 例，分布于 658/766 个文本中。CPHBN 语料库中使用大量的数字和客观数据，论述中国在抗疫上的全球贡献，包括接种两剂或三剂疫苗的人次、老年人接种比例、核酸检测结果等。一方面说明中国行动迅速，快速响应，遏制了疾病的传播；另一方面表明了中国慷慨的对外疫苗援助，体现了负责任大国的形象。

第三，"法律和秩序（G2.1）"共返回 508 例，分布在 254/766 个文本中。CPHBN 语料库中使用法律和秩序有关的词汇，论述中国抗疫措施的正当性和合法性。同时，在疫情的特殊时期，人们众志成城，自发地遵守条规条例，体现了中国人民的责任感和使命感，也为世界人民的抗疫提供了宝贵经验。

第四，"金钱：总体（I1）"共返回 399 例，分布在 165/766 个文本中；"金钱：富裕（I1.1）"共返回 572 例，分布在 275/766 个文本中；"金钱：负债（I1.2）"共返回 352 例，分布在 202/766 个文本中。CPHBN 语料库中使用和"金钱：富裕"有关的词汇，论述疫情防控期间中国政府对企业的扶持、财政补贴，重视现金流、资本、投资，对经济恢复和增长充满信心，凸显了中国政府重视民生，有力促进经贸合作，为全球经济带来更多信心的正面形象。

4.3.4 视角化策略

本文结合例（5）和例（6）具体例句来分析视角化策略如何建构积极的中国国家形象。

（5）President Xi announced that vaccines developed by China will be a global public good. (new_CGTN_THE WORLD TODAY_20200825.txt)

（6）Experts have pointed out that, unlike inland cities, port cities like Dalian are at higher risk of COVID transmission due to their frequent exposure to import goods. (new_CGTN_GLOBAL WATCH_20211115.txt)

例（5）中，中国国家主席习近平宣布，中国研发的疫苗将成为全球公共产品。这里 announced 为承认资源，属于对话扩展资源，指没有明显的立场或价值判断的情形，承认资源允许报道者在与对齐（alignment）和偏离（disalignment）的任何关系中都保持超然，向读者呈现出一种"相对无人称的"（impersonalized）或"中立"（impartial）的场景（Martin & White 2005：115）。这是一种报道者持中立立场的体现。这里仅陈述客观事实，开放对话空间，引导读者做出自己的判断，争取潜在读者的支持。

例（6）中，专家指出，与内陆城市不同，大连等港口城市由于频繁接触进口商品，有更容易受到疫情传播的风险。这里的 pointed out 是背书资源，属于对话收缩资源，用于表达报道者对被报道者观点的认同，承担一定的责任。这里表明专家有明确的证据和事实作出上述判断，因此发表上述言论，增强了话语的合法性和可靠性。

4.3.5 强化策略/弱化策略

通过检索 USAS 赋码集，考察带有以下两大类意义的词汇，一类表示强化策略（intensification），一类表示弱化（mitigation），包括：程度：最大化（A13.2）、程度：最小化（A13.7）。

第一，"程度：最大化（A13.2）"共返回 1,451 例，分布在 568/766 个文本中。CPHBN 语料库中使用诸如 most、all、fully、total、mainly、mostly、completely、largely、totally 等程度副词，强调疫情影响范围广、程度深，如"大多数宾馆需要关闭""大多数群众需要居家办公""上海的大多数公司经历了困境"。但中国政府和人民做好了充分的准备，经济上有先进的装备，如"最先进的货运飞机"，有最大的信心取得胜利。

第二，"程度：最小化（A13.7）"共返回 205 例，分布在 107/766 个文本中。CPHBN 语料库中使用的"程度：最小化"类词汇数量不大，仅多于"程度：减弱"。使用诸如 at、least、all、hardly、barely、little 等词汇，表达疫情的影响，如"大街上几乎看不到人""至少保持 1 米的距离"，同时表达正面意义，如"至少 80% 的群众已经接种疫苗"。

综上所述，CPHBN 语料库的话语策略包括：命名策略中的被报道者身份、人称代词等；述谓策略中的时态、介入资源、积极和消极的形容词、谓词等；论辩策略中的影响、数字、法律和秩序、财富等；视角化策略中的被报道者身份、介入资源等；强化/弱化策略中的程度副词等。以上话语策略构建了中国有担当的负责任大国的形象。

5 结语

本研究应用 DHA 分析框架，从主题和内容分析、互文性分析中的重复和引用以及话语策略三个方面研究了 CPHBN 语料库中的正面积极的中国国家形象的构建。研究发现，首先，主题词和话题分为：公共卫生事件、经济、被报道者身份和态度词汇，反映了我国向世界传达的积极的国家形象：关注公共卫生事件、努力恢复和发展生产、权威直接发声、重视发展教育。其次，CPHBN 语料库主要重复使用表示自身态度的积极词汇，同时引用包括中外谚语、法律法规条例在内的显性互文性话语，强调中国抗疫符合全球人民的共同利益、共同福祉，凸显政策的合法性和正当性。全球人民应该合作，而非分裂，一起构建全球命运共同体。最后，话语策略的分析表明，CPHBN 语料库的话语策略包括：命名策略中的被报道者身份、人称代词等；述谓策略中的积极和消极的形容词、谓词等；论辩策略中的影响、数字、法律和秩序、财富等；视角化策略中的被报道者身份等；强化/弱化策略中的程度副词等。通过以上话语策略，构建了中国有担当的负责任大国的正面形象。

中国的外宣媒体采用讲事实、举例子、摆道理的分析和论证，以事实为依据，以客观性为准绳，在报道立场上不卑不亢，构建积极的国家形象。这不仅体现在时态等客观报道的呈现上、在与潜在的观众的人际意义的协商上，还体现在被报道者身份的分布上，以及在多样性的话语策略的使用上，既符合国际惯例，又具备自身独特的特点。今后可以丰富消息的引用来源，利用小视频和社交网络，及时发布视频，进一步扩大影响力。

参考文献

BAKHTIN M. Speech genres and other late essays [M]. Austin: University of Texas Press, 1986.

FAIRCLOUGH N. Discourse and social change [M]. Cambridge: Polity Press, 1992.

FAIRCLOUGH N. Analysing discourse: textual analysis for social research [M]. Psychology Press, 2003.

KRISTEVA J. Word, dialogue and novel [M]. Oxford: Basil Blackwell, 1986.

LIU M, ZHAO R, NGAI C. Vaccines, media and politics: a corpus-assisted discourse study of press representations of the safety and efficacy of COVID-19 vaccines [J]. PLoS One, 2022, 17(12).

LV J, LI R. On the discourse construction of China's image in fighting Covid-19 from a corpus-based discourse historical approach perspective [J]. IETI Transactions on Social Sciences and Humanities, 2021, 12: 81-89.

REISIGL M. The discourse-historical approach [M]. The Routledge handbook of critical discourse studies. London: Routledge, 2017.

REISIGL M, WODAK R. Discourse and discrimination: rhetorics of racism and antisemitism [M]. London: Routledge, 2001.

REISIGL M, WODAK R. The discourse-historical approach [C]//WODAK R, MEYER M. methods of critical discourse analysis (2nd edition). London: Sage, 2009: 63-94.

REISIGL M, WODAK R. The discourse-historical approach [C]//WODAK R, MEYER M. Methods of critical discourse studies (3rd edition). London: Sage, 2016: 31-32.

SMITH D. Mass communications and international image change [J]. Journal of Conflict Resolution, 1971, 17(1): 115-129.

TAO Y. Who should apologise: expressing criticism of public figures on Chinese social media in times of COVID-19 [J]. Discourse & Society, 2021, 32(5): 622-638.

VAN DIJK T. Discourse and context. A sociocognitive approach [M]. Cambridge: Cambridge University Press, 2008.

WODAK R. Disorders of Discourse. London: Longman, 1996.

WODAK R. Critical discourse analysis at the end of the 20th century [J]. Research on Language & Social Interaction, 1999, 32: 185-193.

WODAK R. The discourse-historical approach [C]//WODAK R, MEYER M. Methods of critical discourse analysis (1st edition). London: Sage, 2001: 63-94.

WODAK R. Introduction: discourse studies-important concepts and terms [C]//WODAK R, KRZYZANOWSKI M. Qualitative discourse analysis in the social sciences. London: Palgrave, 2008: 1-29.

WODAK R. The discourse of politics in action: politics as unusual [M]. London: Palgrave, 2009.

WODAK R. The politics of fear: what right-wing populist discourses mean [M]. London: Sage, 2015.

WODAK R, FCHTNER B. Introducing the language-politics nexus [C]//WODAK R, FCHTNER B. The Routledge handbook of language and politics. London: Routledge, 2018: 1-14.

WODAK R, LUDWIG C. Challenges in a changing world: issues in critical discourse analysis [C]. Wien: Passagen Verlag, 1999.

WODAK R, MEYER M. Critical discourse analysis: history, agenda, theory and methodology [C] //WODAK R, MEYER M. Methods of critical discourse analysis (2nd edition). London: Sage, 2009: 1-33.

WODAK R, MEYER M. Critical Discourse studies: History, agenda, theory and methodology [C] //WODAK R, MEYER M. Methods of critical discourse analysis (3rd edition). London: Sage, 2016: 1-22.

WODAK R, VETTER E. Competing professions in times of change: the discursive construction of professional identities in TV talk-shows [C]//WODAK R, LUDWIG C. Challenges in a changing world: issues in critical discourse analysis. Wien: Passagen Verlag, 1999: 209-228.

YU Y, TAY D, YUE Q. Media representations of China amid COVID-19: a corpus-assisted critical discourse analysis [J]. Media International Australia, 2023,191(1): 73-87.

ZHANG C, LIU G, ZHANG S. Collective identity construction in the Covid-19 crisis a multimodal discourse-historical approach [J]. Journal of Language and Politics, 2022, 21(6): 890-918.

陈晗霖. 话语—历史分析：趋势与展望[J]. 现代外语，2023，（6）：853-863.

董丹，语篇—历史视角下意大利主流媒体"一带一路"倡议报道的文本分析[J]. 外语学刊，2018，（6）：13-16.

胡晓明. 国家形象[M]. 北京：新华出版社，2011.

胡元江，李艳. 媒体话语合法化建构的历史语篇分析——中美主流媒体贸易摩擦报道的对比研究[J]. 外国语文, 2023, (4): 92-101.

黄国文, 徐珺. 语篇分析与话语分析[J]. 外语与外语教学, 2006, (10): 1-6.

季丽珺. 批判性话语分析的"话语——历史"方法——以《华盛顿邮报》的涉华气候报道为例[J]. 长春工业大学学报（社会科学版）, 2013, (4): 120-122.

李菁菁. 话语历史分析法与挪威国家形象构建——以挪威首相第 70 届和第 71 届联大演讲为例[J]. 外国语文, 2017, (3): 61-66.

田海龙. 语篇研究的批评视角[J]. 外语教学与研究, 2008, (5): 339-344.

王磊, 周乔. 能源话语与美国国内政治博弈——基于话语—历史分析法的特朗普能源话语策略分析[J]. 中国石油大学学报（社会科学版）, 2021, (1): 36-45.

项蕴华. 维也纳学派语篇-历史分析方法及其在中国的方法[J]. 武汉大学学报（人文科学版）, 2013, (1): 104-108.

辛斌. 语言、权力与意识形态:批评语言学[J]. 现代外语, 1996, (1): 21-26.

辛斌, 刘辰. van Dijk 的社会——认知话语分析[J]. 外语学刊. 2017, (5): 14-19.

徐小鸽. 国际新闻传播中的国家形象问题[J]. 新闻与传播研究, 1996, (2): 35-45.

许家金, 贾云龙. BFSU Qualitative Coder 1.1. 北京外国语大学中国外语与教育研究中心, 2011.

杨敏, 符小丽. Ruth Wodak 政治话语分析中的政治观研究[J]. 中国外语, 2018a, (6): 39-47.

杨敏, 符小丽. 基于语料库的"历史语篇分析"（DHA）的过程与价值——以美国主流媒体对希拉里邮件门的话语建构为例[J]. 外国语（上海外国语大学学报）, 2018b, (2): 77-85.

杨敏, 王敏. Ruth Wodak 话语—历史分析法中的哲学社会学思想探索[J]. 外语教学与研究, 2019, (3): 347-356.

杨漪漪. 语篇—历史分析视角下安倍施政演讲中有关朝鲜主题政治话语的文本分析[J]. 东北亚外语研究, 2017, (2): 31-35.

尤泽顺, 陈建平. 历史话语与中国"和平崛起"的理念建构[J]. 广东外语外贸大学学报, 2010, (3): 24-30.

张德禄, 刘秀丽. 批评话语分析中的词汇语法[J]. 中国海洋大学学报（社会科学版）, 2011, (2): 101-106.

张鹏, 侯福莉. 《华尔街日报》中华为企业形象的"话语—历史"分析[J]. 重庆交通大学学报（社会科学版）, 2023, (4): 91-103.

张睿, 常红宁. 话语历史分析视角下中国形象的话语建构——以 2019 年"总理答记者问"口译话语为例[J]. 外语教育研究, 2021, (2): 31-38.

曾蕊蕊. 话语-历史分析视角下中国形象的话语建构——以 2020 年至 2022 年新冠肺炎疫情防控期间习近平主席对外讲话为例[J]. 外语研究, 2023, (2): 10-17.

张玮伦. 核心素养视域下话语——历史分析法对高中英语阅读教学的启示[J]. 现代

中小学教育，2021，（3）：54-58.

赵林静. 话语历史分析：视角、方法与原则[J]. 广东外语外贸大学学报，2009，（3）：
　87-91.

通信地址： 310000　浙江省杭州市　浙江外国语学院英语语言文化学院英语系

中国英语学习者输出词块中
定冠词的误用研究*

吉林大学 刘璐达 姜 峰

提要： 以往对于英语定冠词的误用研究，大多局限于名词短语中的定冠词，很少考察词块结构中定冠词的错误使用现象。本文基于中国学生万篇英语作文语料库（TECCL），探析了中国英语学习者对于四词词块中定冠词的错误使用类型以及可能影响冠词误用的因素。研究结果显示：中国英语学习者最容易漏用词块中的定冠词，而添加多余定冠词和错误替代定冠词则相对占比较少。在误用词块的结构方面，名词结构的词块发生错误最多，特别是包含of结构类。本研究为定冠词教学与研究提供了有益启示。

关键词： 定冠词、词块、英语学习者、误用

1 引言

定冠词作为一种功能词类，在英语中出现的频次较高，且在语篇衔接中扮演着重要的角色。然而，定冠词习得涉及形态句法、语义和语用三方面知识，且形式与意义的关系通常无法实现一一对应，是用法最复杂的词类之一（Liu & Gleason 2002）。甚至有研究指出，定冠词的使用基本是无法教授的，是二语学习过程中最易出错的词类之一（Crosthwaite 2016）。实际上，在其他语言知识已接近本族语水平的高水平英语学习者群体中，定冠词的使用依然存在误用现象（Ekiert & Park 2010；刘艾娟等 2013）。为此，国内外学者分别从语义特征（Liu & Gleason 2002；周保国 2007）、句法结构（Robertson 2000）、语言接口（邵士洋、吴庄 2017）、名词可数性（蔡金亭、吴一安 2006）以及不同语言水平（Crosthwaite 2016；闫丽莉 2003）等视角对定冠词使用过程中存在的问题及其原因进行了广泛研究并取得一定成果。

但是，以往研究大多局限于名词短语中的定冠词。相比之下，对于大量存在于词块结构中的定冠词（如 on the other hand、the beginning of the）的误用情况却并未得到足够关注。作为口笔语中重要的多词单位（multiword units），词块出现频率高，具有整存整取的加工优势，其结构不仅固定，且较名词短语更加多样化，可以揭示

---

* 本文通信作者为姜峰。
作者贡献：
刘璐达：研究方法、数据收集、讨论结论、初稿撰写、字数占比（80%）；
姜峰：选题构思、讨论结论、论文修改，字数占比（20%）。

出定冠词在多种结构中的适用和误用情形。此外，通过考察词块结构中定冠词的误用现象也有益于反哺词块教学模式，提高学生准确使用词块的意识（黄开胜、周新平 2016）。基于此，本研究以中国大学生英语学习者为研究对象，以其英语作文组成的 TECCL 语料库为研究语料，旨在探究中国英语学习者在词块中定冠词的错误使用类型，以期为定冠词教学提供一定启示，进而探索将词块作为定冠词习得的重要手段的可能。

2　定冠词与词块的相关研究

2.1　定冠词相关研究

英语定冠词的用法一般分为"类指"和"非类指"两大类（Hawkins 1978）。类指定冠词用来标记集体名词（如一个国家、一个民族或者一个种族）。除此之外，其他用法均称为定冠词的非类指用法。运用定位理论（the location theory），Hawkins（1978）进一步将定冠词的非类指用法分为 8 个子类。为使分类更为简明，Liu & Gleason（2002）将该分类进行了总结并调整为定冠词的文化使用、情景使用、结构使用和篇章使用，并以低级、中级和高级组英语水平的学生为实验对象，考察了学生使用 4 类定冠词的错误率。结果显示，在定冠词过度使用方面，涉及文化知识和认知属性的文化使用是最难掌握的，且呈现"高开低走"的态势，即在低级水平到中级水平之间，错误发生率增高，而在中级水平到高级水平之间，错误的发生率出现降低。后续研究进一步证实，定冠词过度使用这一问题在母语系统缺少冠词的英语学习者中更为突显。周保国（2007）探讨了中国英语学习者定冠词过度使用现象，研究显示这一误用与冠词复杂的语义关系密切相关，主要出现于实指性非定指这一指称类型中。Geng（2010）发现，中国英语学习者倾向于在听者已知的指称条件下过度使用定冠词。Leroux & Kendall（2018）的研究显示，相较于长期留美人士，中国大学生英语学习者更容易过度使用定冠词。

定冠词缺失也是二语学习者常犯的错误之一。Trenkic（2007）指出，较无修饰语的名词短语（如 the mug）而言，二语学习者更容易忽视含有形容词修饰语的名词短语中的定冠词（如 the white mug）。Robertson（2000）研究发现，中国英语学习者口语语料的定冠词缺失率为 20.3%，且多发生于再次提到的限定性名词短语之中。常辉、赵勇（2014）发现，中国英语学习者作文语料中定冠词的缺失率为 13.4%，并认为这是中国英语学习者未能将抽象的句法知识与表层形态进行匹配导致的。

虽然上述研究都从句法结构和语义范畴等视角对英语定冠词的变异性规律和习得特征进行了实证描述和阐释，但基本上是围绕学习者在名词短语中使用的定冠词而展开，较少关注位于各类词块中定冠词的使用规律。事实上，定冠词的选择并不完全取决于其所修饰的名词。正如 Shin（2012）指出，短语结构本身对其所包含的定冠词也有制约作用，如 one of 必须与限定名词成分结合才能构建完整语义（one of the pens、one of these pens 等），否则语义表达将有所损伤。另外，就数量而言，定冠词也大量存在于各类词块中。在 Biber *et al.*（1999）得到的 278 个四词词块中，含有定冠词的词块为 160 个，占比达到 58%。鉴于此，考察学习者词块中定冠词的使用情况以及探究误用背后的成因就显得十分必要。

2.2　词块相关研究

词块是语言产出中高频使用的多词单位，旨在增强语篇的连贯性和可读性，提高语言表达的质量，因此在二语学习中发挥着重要作用。国内外学者基于不同类型的语料库分别在跨文化和语言（李梦骁、刘永兵 2017）、不同学科（Hyland & Jiang 2018）、不同语体（Biber *et al.* 1999）和不同层次学习者之间（黄开胜、周新平 2016）对词块使用进行了广泛考察。

相比而言，有关词块使用准确性的研究并不多见。少数涉及词块使用质量的研究（如黄开胜、周新平 2016；黄开胜 2018），多以限时写作的语料为主，且并未系统地着眼于定冠词这一语法词项的误用情形。与本研究最为相关的则是 Shin *et al.*（2018），该研究分析了韩国英语学习者四词词块中定冠词的误用情形。研究发现，在所有错误中，定冠词的缺失最多，占比为 89.6%，而添加多余定冠词和错误替代定冠词的比例相近，分别约为 5% 和 5.4%。尽管该研究是为数不多的此类研究之一，但其考察对象是韩国英语学习者，所用语料也是非自然产出条件下的限时写作，且库容相对较小，仍需在更大的语料库中去观察，以便取得更具信度和普适意义的结果。

通过梳理文献我们可知，以往针对定冠词的研究在一定程度上揭示了语义环境、母语背景以及语言水平的影响，为定冠词的实际运用和教学提供了理论依据。但是，针对中国英语学习者输出词块中定冠词的误用情况依然未给予足够关注和实证考究。据此，本研究将采用中国英语学习者非限时写作语料为数据来源，以目标词块使用的频数和准确性为切入点，旨在分析中国英语学习者使用词块中定冠词的正确率，定冠词使用错误类型以及误用词块的结构类别，并从母语背景、词块教学、二语写作等角度阐释定冠词误用的影响因素。

3　研究方法

3.1　语料构成

本研究以"中国学生万篇英语作文语料库（V1.1）"为语料来源（薛熙哲 2015），该语料库涉及包括香港、台湾在内的 32 个省市自治区和特别行政区的大中小三个学习阶段学生，其中以大学生最多，且收录高校的层次比例与我国高校的实际构成相近。与以往国内学习者语料库相比，这一语料库取样分布代表性较好（许家金 2016）。

我们采用 PowerGREP，选取该语料库中 211、985 和非重点高校大学生的写作文本作为研究数据（各占三分之一）。共抽取 6,867 篇作文，总词符数为 1,395,660，单篇写作文本平均长度约为 203 词。语料涵盖的题目均贴近学生的社会生活（如 health、habit 和 online shopping 等），皆为英语课程体系中的论说文写作体裁，而非限时的考试作文。

3.2　分析步骤

词块研究的传统是基于频率与覆盖面进行提取。尽管文献中没有统一既定的标准，但是就频率而言，设定标准化频率（如每万词出现 10 次）是普遍方法（Biber et al. 1999；Biber 2006；Simpson-Vlach & Ellis 2010）；同时为了降低单一文本词块使用的特殊性，词块覆盖面通常设定在 10% 的浮动范围（如 Hyland & Jiang 2018；黄开胜、周新平 2016）。但是，本研究旨在调查四词词块中定冠词的误用，包含多用与漏用定冠词。上述产生使用错误的情况将导致目标词块不能达到提取的频率与覆盖率标准，使得传统的词块提取方法难以对其进行识别。如例（1）和例（2）所示。

（1）**On basis of** the above thinkings, I believe a good mastery of facts is much more significant than a profound mastery of rigid ideas and concepts.

（2）**In the terms of the** influence, I assume that the most important impact is the phenomenon will make us less aware of our traditional festivals.

例（1）中，使用词块 on the basis of 时发生了漏用定冠词的错误，以致传统的标准设定无法将其识别；而例（2）中，使用词块 in terms of the 时添加多余定冠词，导致该例误用不能满足传统提取方法的频率和覆盖率标准，因而无法识别。

鉴于此，本研究以学界现有权威的学术词块列表（Biber et al. 1999；Biber 2006；Simpson-Vlach & Ellis 2010）为出发点，提取含有定冠词的四词词块的核心语义成分（如上例中 basis of 和 terms of），即词块语义中最重要的部分（Shin et al. 2018），再通过 AntConc 检索词块的核心语义成分。在得到索引行结果后，我们手动检查词块其余部分在具体语境中的使用情况。

关于词块中定冠词错误用法的标注，我们参照 Dulay et al.（1982）分类，将词块中定冠词常见的错误类型分为 3 种：遗漏必要定冠词、添加多余定冠词和错误替代定冠词。同时，为准确地标注定冠词使用错误的类型，我们参考了《牛津高阶英汉双解词典》《朗文当代高级英语辞典》《柯林斯高阶英汉双解学习词典》以及美国当代英语语料库（COCA）。两位作者共同判定索引行中定冠词的误用，双方标注结果的一致性 Kappa 系数达到 0.87。

例（3）—例（5）以核心语义成分 same time、as well as 和 one of 在语料库中的索引行为例，展示本研究的分析过程与标注方案。例中加粗字为词块的核心语义成分，括号中的加粗字为其所属词块的正确形式，"*"代表定冠词发生错误的位置，"【 】"标明误用类型。

（3）…have ability to learn how to choose. At *same time, we should protect our own safety in. (**at the same time**)【漏用】

（4）…to see the Great Wall. It's *the **one of** the most famous attractions in the world…(**is one of the**)【多用】

（5）…it is only **the beginning of** *a worldwide effort to forecast and understand. (**the beginning of the**)【错误替代】

由以上三个例子可知，以三个词块的核心语义成分作为节点词语在语料库中检索后，定冠词 the 在索引行中即成为一个孤立的、便于考察的词项。例（3）中，at same time 的使用无法表达准确的意义，需搭配定冠词才符合语法规范，属于漏用定冠词的错误。例（4）中，the one of the 中出现一个多余的定冠词，不符合语法和语用规范，属于多用定冠词的错误。例（5）中，the beginning of a 虽形式正确，却未考虑到语篇环境对于定冠词的制约性，属于不定冠词错误替代定冠词。

4　结果与讨论

4.1　目标词块的使用频率

我们从权威学术词块列表中筛选出 173 个含有定冠词 the 的四词词块。通过对这些目标词块逐一检索，我们发现中国英语学习者使用了其中的 125 个，占所有目标词块的 72.3%，有 48 个词块未出现在本研究语料库中。需要指出的是，在 125 个被使用的词块中，有多达 72 个词块（约占 57.6%）频率均不超过 5 次，却有 6 个词块 on the other hand（679 次）、at the same time（444 次）、on the one hand（414）次、the development of the（214 次）、is one of the（171 次）和 one of the most（162）出现频率达到了 160 次以上，占目标词块总频数的 65.2%。这说明中国英语学习者表现出与其他国家二语学习者（Durrant & Schmitt 2009）类似的特点，即过度使用个别最熟悉的词块。Hasselgård（2020）将二语学习者依赖得心应手词块的现象称为"词组泰迪熊（phraseological teddy bears）"现象。

4.2 词块核心语义成分的使用

由于部分词块具有相同的核心语义成分，如 by the use of、in the use of、of the use of 和 to the use of 均包含核心语义成分 use of，我们从 173 个目标词块中获取 108 个核心语义成分，并对其逐一进行检索。结果显示，共有 101 个核心语义成分出现在本研究的学习者语料库中，占所有核心语义成分的 93.5%，出现频数小于 5 次的低频核心语义成分只有 22 个。可见，这些核心语义成分较好地覆盖了学习者词块的选择，构成观察定冠词误用的重要来源。

此外，从总体频率来看，101 个核心语义成分总计出现 9,056 次，而 125 个目标四词词块总计出现 3,133 次。也就是说，核心语义成分出现的频率几乎是其所属词块频率的 3 倍。导致这一频率差异的原因便是词块的误用。由核心语义成分衍生的词块发生错误，导致其不能达到词块提取的频率标准，进而造成目标词块频率降低。进一步统计显示，词块中定冠词使用错误出现 749 次，换言之，仅仅定冠词一项语言错误使用率就达到了 8.3%（错误使用 749 次，核心语义成分出现 9,056 次）。这表明，中国英语学习者能够根据一部分核心语义成分构建正确且合乎语法规范的词语序列，但是对大部分核心语义成分而言，还未掌握根据具体语境产出正确的词块，结果就是"照猫画虎"，样似而神不是。这方面能力的缺失可能是因为英语教材或者语法参考书注重介绍核心语义项（Leech & Svartvik 2002），忽视了讲解如何在具体使用时进行词语序列的延伸，尤其是定冠词这一不易掌握的语言单位。

4.3 定冠词误用分析

本研究共发现 749 处定冠词误用的情况。根据前文所述关于定冠词的判定方法与错误归类，我们发现漏用必要定冠词、添加多余定冠词和错误替代定冠词 3 类错误的数量分别为 602 个、83 个和 64 个。不难看出，发生错误最多的一项为漏用必要定冠词，占所有错误类型的 80.4%，其他两项都占比相对较少，分别为 11.1% 和 8.5%。这印证了一些学者的研究结论。例如，赵哲、张绍杰（2010）发现在中国英语学习者冠词误用现象中，定冠词漏用现象较为严重，其次为定冠词冗余，定冠词错误替代最少。Shin et al.（2018）表明韩国英语学习者在使用词块时，定冠词也常被遗漏，是 3 种错误类型中发生率最高的一项，其余两项占比较少。与此同时，这也在一定程度上回应了 Yoo（2009）的推测，即在当前主流的英语教学材料中，更多地涉及定冠词前指功能（一般指二次提到的对象），却忽略了后指功能（如 They missed *the beginning of the game【漏用】），而后指功能恰恰囊括在四词词块结构中，这导致学生对词块结构中定冠词的使用规则掌握不到位。接下来，我们将进一步分析四词词块中定冠词的具体误用情形，包括其所在核心语义成分的结构与功能特征。

4.3.1 误用所在核心语义成分的结构特征

上述定冠词误用常发生在由 101 个核心语义成分构成的四词词块中。参照 Biber et al.（1999）和 Hyland & Jiang（2018）的结构分类，这些核心语义成分包括名词结构、动词结构、形容词结构和连词结构。具体类别与统计结果见表 1。

表 1　误用所在核心语义成分的结构类别

结构类别	示例	漏用	多用	错误替代	合计
名词结构	part of	459	67	55	581
含有 of 的名词结构（ ）	fact that	4	8	2	14
	respect to、first place	104	0	0	104
动词结构	based on	20	4	3	27
形容词结构	due to	5	0	1	6
连词结构	as well as	10	4	3	17

由表 1 可见，学生误用定冠词最多的四词词块由名词结构组成，特别是包含 of 结构类。不少研究发现，与本族语学习者相比，中国英语学习者更为依赖动词词块，而相对较少使用名词词块和介词词块（Pan et al. 2016；Lu & Deng 2019）。究其原因，名词词块的误用很可能导致其不能达到词块提取的频率标准，进而造成其出现频率的降低。

表 1 数据显示，学生在使用该核心语义成分延伸出的四词词块时往往漏用和多用定冠词，如例（6）和例（7）。

（6）Faith can help you get on *top of the ideal.【漏用】

（7）Music was usually experienced in the **course of** *the activity other than deliberate music listening.【多用】

此外，另一个较易出现定冠词误用是其他类型的名词结构，尤其是 one hand［如例（8）］和 addition to［如例（9）］。有意思的是，在其他类名词结构中出现的皆为定冠词的漏用。与此不同的是，在含有 that 的名词结构中，多用的频率最高，均出现在 fact that 延伸出的四词词块中［如例（10）］。

（8）On *one hand, cities become crowded so that traffic tie up and influence people normal lives.【漏用】

（9）In **addition to** *professional knowledge, I also learned a lot of other things.
【漏用】

（10）However, as a matter of *the **fact that** science is often presented in a dry manner, some of us don't see its relevance to the world. 【多用】

相对而言，尽管在动词、形容词和连词结构中定冠词误用情况较少，但是集中在漏用定冠词，表现明显的是 based on 和 as well as。如例（11）和例（12）所示，在由上述两个核心语义成分延伸出的词块中，学生常常遗漏前指功能的定冠词（Yoo 2009），进而造成前后语篇关系模糊。

（11）Western culture is **based on** *individualism rather than on collectivism. 【漏用】

（12）In a word, in order to relieve the congestion **as well as** * damage of tourism spots, we must take some measures to control the number of visitors. 【漏用】

4.3.2　出现误用频率最高的核心语义成分

表 2 列出定冠词误用频率最高的前 10 项核心语义成分。development of 是漏用定冠词频率最高的核心语义成分，总计 143 次。进一步观察其索引行发现，中国英语学习者在使用以 development of 为核心语义成分的词块时，漏用集中在四词词块 the development of the 上，尤其表现在定冠词概指功能方面（Yoo 2009）。例（13）和例（14）是语料库中的典型情况。

表 2　定冠词误用频率最高的前 10 项核心语义成分

核心语义成分	漏用	多用	错误替代	总计
development of	143	5	6	154
one hand	76	0	0	76
one of	36	10	3	49
part of	19	8	16	43
use of	29	1	1	31
importance of	10	6	3	19
terms of	18	0	0	18
beginning of	5	2	9	16

（待续）

（续表）

核心语义成分	漏用	多用	错误替代	总计
history of	15	0	1	16
as well as	10	3	2	15

（13）…Many factors contribute to this problem. First, with the **development of** *Internet, more and more people…【漏用】

（14）…very cheap than those in the shops. Besides, with the **development of** *economy, many people are busy…【漏用】

经查询前文所列词典可知，例 13 中 Internet 须与定冠词搭配才符合表述规范，概指"互联网"。同样，例 14 中 economy 与定冠词一起使用，方可表达"一个国家经济体系"的意思。定冠词的这一用法即为 Liu & Gleason（2002）所指的"文化使用"。需要指出的是，所有的索引行中，仅这两项错误的数量就分别达到了 27 个和 99 个，占所有漏用错误的 88.1%。这一结果也印证了王剑（2005）的观点。王剑（2005）发现，在中国英语学习者所犯的定冠词漏用错误中，涉及定冠词文化使用的错误发生率最高。同时，这一误用也说明中国英语学习者在词块搭配选择上容易受母语迁移的影响（杨滢滢 2015）。

定冠词多用错误中，发生频率最高的核心语义成分为 one of，总计 10 次。观察其索引行结果可知，该项错误主要集中在四词词块 is one of the 和 one of the most 上［如例（15）和例（16）］。

（15）…We know that AIDS is *the **one of** the most dangerous disease in the world…【多用】

（16）…school time, and working time. *The **one of** the most impressive memory of Nina for…【多用】

例（15）和例（16）在不需要定冠词的情况下，多余地使用了定冠词，造成语义混乱，属于定冠词多用错误。闫丽莉（2003）发现，中国英语学习者在不需要定冠词的情况（如不可数名词、复数名词、专有名词等），几乎不滥用定冠词。但是这一错误在四词词块中的出现频率表明，中国英语学习者并非已完全掌握了零冠词使用的语法知识，至少在多词序列中表现出多用定冠词的错误。可见，基于输出词块分析误用的方法在一定程度上解决了难以识别冗余使用定冠词的技术困难（Thomas 1989）。

在错误替代定冠词的现象中，发生错误最多的核心语义成分为 part of，总计 16

次。观察其索引行发现，该项错误主要集中在词块 as part of the，如例（17）和例（18）。

> （17）…more unproductive. For the three years now, as **part of** *a continuing effort to contain the illness…【错误替代】
>
> （18）…of 56 minorities. They go with their families. As **part of** *a country, we must bear our responsibilities…【错误替代】

例（17）和例（18）的错误在于使用不定冠词 a 替代了定冠词 the，未充分考虑到语篇环境的制约，使得意义无法准确而清晰地传达，进而影响写作语篇的人际互动（王晶晶、姜峰 2019）。除不定冠词之外，指示词（this、that）也常被学习者用来替代定冠词，这可能与定冠词通常被翻译为汉语中的指示词（如"这""那"）有关系，这一并加大了学习者的区分难度。

综上，相较于以往采用自动提取词块的研究，本文通过检索词块的核心语义成分，能够较为全面系统地揭示出词块输出中的定冠词误用现象。这些误用现象固然是学习者的语言能力、母语背景等因素综合影响的结果，但也侧面反映出了英语定冠词习得的复杂性，其使用规则很难被完全掌握（邵士洋、吴庄 2017）。基于此，我们建议使用词块作为英语定冠词教学的一个手段，该方法的优势主要有以下几点。首先，词块本身结构固定使得定冠词的出现具有一定的规律。此外，词块本身具有的语篇功能对于定冠词的选择有制约作用。再者，词块结构的多样性使得考察定冠词在具体语境中的多种用法成为可能，如取决于后置词语（the* beginning of the movie）、取决于前置词语（the beginning of the* semester）以及特定习语中的定冠词（on the* other hand）。与孤立的名词相比，词块多元的结构和功能更有利于学习者在语境中考察定冠词，方便学生掌握，同时这些优势将丰富定冠词用法仅取决于其所修饰名词的教学模式。

5 结语

语言输入中，初级学习者很难同时兼顾形式和意义，定冠词习得尤其如此。然而，相较于孤立的名词或单一的名词短语，词块具有特殊的语言形式和语篇功能，可以更好地帮助学习者理解定冠词的用法及其背后所表达的语篇意义。因此，研究词块中定冠词的用法具有重要意义。本文以语言输出中常用词块的核心语义成分为切入点，考察了定冠词在词块使用中的误用情况。研究发现，学习者对于词块的掌握不牢靠，具体表现为核心语义成分使用频率远高于其所属词块频率。也可以说，学习者有意识使用词块，但常忽视定冠词，偶尔也会错误替换定冠词或者添加不必要的定冠词，造成语义内容受损。本研究结果能为未来开展冠词习得研究提供一定的参考依据，也有利于提升中国英语学习者对定冠词的认识。据此，我们建议在英语定冠词的教学中，首先教师应该向学习者讲解不同词块结构中定冠词的使用特点，提升学习者正确运用词块中定冠词的能力。其次，针对中国学习者常忽视词块中定冠词的问题，教师可以运用本族语语料库，指导学生观察真实语料中词块的用法，归纳总结出定冠词在词块中的典型使用情况，从而有效提高语言产出的准确性。

　　本研究也存在不足之处：首先，本研究仅考虑了中国英语学习者词块中定冠词的误用情况，没有与本族语学习者语料作对比。进一步探讨中外学习者的误用差异对全面揭示定冠词在词块中所扮演的角色非常有价值，得出的结论也将更有普适性。其次，针对词块中定冠词的误用开展更多纵向历时研究，可以很好地将各个时期具有突出特点的误用特征以及多个误用特征之间的演变关系呈现出来。此外，由于影响冠词习得的因素众多，包括语言交际目的、教学任务类型、学习者英语水平以及母语句法、语用知识迁移的影响等等。因此，增加对学生和教师的访谈环节，了解冠词习得的教学现状和存在的问题，将对有针对性地提升学生使用定冠词的能力有所帮助。

参考文献

BIBER D. University language: a corpus-based study of spoken and written registers [M]. Amsterdam: Benjamins, 2006.

BIBER D, JOHANSSON S, LEECH G, et al. Longman grammar of spoken and written English [M]. Harlow: Pearson Education, 1999.

CROSTHWAITE P. L2 English article use by L1 speakers of article-less languages: a learner corpus study [J]. International Journal of Learner Corpus Research, 2016, 2(1): 68-100.

DULAY H, BURT M, KRASHEN S. Language two [M]. Oxford, UK: Oxford University Press, 1982.

DURRANT P, SCHMITT N. To what extent do native and non-native writers make use of collocations? [J]. IRAL-International Review of Applied Linguistics in Language Teaching, 2009, 47(2): 157-177.

EKIERT M, PARK E. Acquisition of the English article system by Spanish and Korean speakers [J]. Korean Journal of Applied Linguistics, 2010, 26(2): 153-184.

GENG J. The semantic analysis of the definite article misuse by Chinese learners of English [J]. Asian Social Science, 2010, 6(7): 180-184.

HAWKINS J A. Definiteness and indefiniteness: a study in reference and grammaticality prediction [M]. London: Croom Helm, 1978.

HASSELGÅRD H. Phraseological teddy bears [C]//WIEGAND V, MAHLBERG M. Corpus Linguistics, Context and Culture. Berlin: De Gruyter, 2020: 339-362.

HYLAND K, JIANG F. Academic lexical bundles: how are they changing? [J].

International Journal of Corpus Linguistics, 2018, 23(4): 383-407.

LEECH G, SVARTVIK J. A communicative grammar of English (3rd edition) [M]. London: Longman, 2002.

LEROUX W, KENDALL T. English article acquisition by Chinese learners of English: an analysis of two corpora [J]. System, 2018, 76: 13-24.

LIU D, GLEASON J. Acquisition of the article the by nonnative speakers of English [J]. Studies in Second Language Acquisition, 2002, 24(1): 1-26.

LU X F, DENG J L. With the rapid development: a contrastive analysis of lexical bundles in dissertation abstracts by Chinese and L1 English doctoral students [J]. Journal of English for Academic Purposes, 2019, 39: 21-36.

PAN F, REPPEN R, BIBER D. Comparing patterns of L1 versus L2 English academic professionals: lexical bundles in telecommunications research journals [J]. Journal of English for Academic Purposes, 2016, 21: 60-71.

ROBERTSON D. Variability in the use of the English article system by Chinese learners of English [J]. Second Language Research, 2000, 16(2): 135-172.

SHIN Y. A new look at determiners in early grammar: phrasal quantifiers [J]. Language Research, 2012, 48(3): 573-608.

SHIN Y K, CORTES V, YOO I W H. Using lexical bundles as a tool to analyze definite article use in L2 academic writing: an exploratory study [J]. Journal of Second Language Writing, 2018, 39: 29-41.

SIMPSON-VLACH R, ELLIS N C. An academic formulas list: new methods in phraseology research [J]. Applied Linguistics, 2010, 31(4): 487-512.

THOMAS M. The acquisition of English articles by first- and second-language learners [J]. Applied Psycholinguistics, 1989, (10): 335-355.

TRENKIC D. Variability in L2 article production: beyond the representational deficit vs. processing constraints debate [J]. Second Language Research, 2007, 23(3): 289-327.

YOO I W H. The English definite article: what ESL/EFL grammars say and what corpus findings show [J]. Journal of English for Academic Purposes, 2009, 8(4): 267-278.

蔡金亭，吴一安. 中国大学生英语冠词使用研究[J]. 外语教学与研究，2006，（4）：243-250.

常辉，赵勇. 冠词缺失与中介语句法损伤研究[J]. 外语教学理论与实践，2014，（1）：10-16.

黄开胜，周新平. 基于语料库的中国英语学习者词块输出能力的趋势研究[J]. 外语界，2016，（4）：27-34.

黄开胜. 中国英语专业学习者词块输出的语体特征对比研究[J]. 外语界，2018，（5）：71-79.

李梦骁，刘永兵. 评价理论视域下中外学者期刊论文评论结果语步词块比较研究[J]. 外语与外语教学，2017，（5）：73-80.

刘艾娟，戴曼纯，李芝. 特征组装视角的英语冠词习得研究[J]. 外语教学与研究，2013，（3）：385-397.

邵士洋，吴庄. 语言接口视角下中国学生英语冠词习得研究[J]. 现代外语，2017，（4）：552-563.

王剑. 中国学生英语定冠词非类指用法的习得[J]. 外语教学，2005，（3）：22-26.

王晶晶，姜峰. 中国理工科博士生学术论文写作立场建构研究[J]. 外语界，2019，（3）：23-31.

许家金."中国学生万篇英语作文语料库"介绍[J]. 语料库语言学，2016（2）：108-112.

薛熙哲. 中国学生万篇英语作文语料库（V1.1）（Ten-thousand English Compositions of Chinese Learners，Version 1.1，简称 The TECCL corpus），2015.

闫丽莉. 中国学生英语冠词习得初探———一项基于中国学习者英语语料库的研究[J]. 外语教学与研究，2003，（3）：210-214.

杨滢滢. 中美大学生同一主题作文词汇和词块运用特征对比研究[J]. 外语界，2015，（3）：51-75.

赵哲，张绍杰. 非英语专业大学生英语定冠词的使用：关联理论视角[J]. 外语教学，2010，（1）：40-44.

周保国. 第二语言习得中英语定冠词过度使用研究[J]. 现代外语，2007，（4）：387-394.

通信地址： 130012　吉林省长春市　吉林大学公共外语教育学院

澳门中文媒体的词汇演变——以《澳门时报》为例 *

澳门大学 王 珊 深圳大学/澳门大学 陈 钊
深圳大学/中国科学院 张昊迪

提要：词汇增长模型能够通过分析词种（Types）与词例（Tokens）之间的关系，揭示词汇演变。澳门作为一个多语言、多文化交汇的城市，其词汇使用能够反映社会热点。然而，目前关于澳门词汇演变的研究较少。本研究选择澳门中文媒体《澳门时报》构建新闻语料库，应用3种词汇增长模型拟合词汇变化，并根据效果最佳的Heaps模型，进一步探讨词汇变化与新闻内容之间的关联性。结果表明，澳门新闻词汇的演变与国内外热点事件、施政方针以及民生紧密相关。此外，通过分析打乱文本时序后的文本，验证了所采用方法的有效性。对《澳门时报》词汇演变的分析为深入理解澳门的语言生活提供了重要参考。

关键词：中文媒体、词汇、新闻、历时、语料库、澳门

1 引言

计量语言学领域对词种（Types）与词例（Tokens）之间的关系有广泛的探讨，词种词例比（Type-Token Ratio，缩写为词种词例比）常用于评估文本的词汇丰富度。然而，词种词例比只能反映词种与词例在某一时间点的关系，无法用于分析词汇的历时演变。为了解决这一问题，词汇增长模型应运而生，通过函数拟合词种与词例之间的增长关系，可以描述词种词例比的变化趋势。目前，主流的词汇增长模型包括Guiraud模型（Guiraud 1954）、Heaps模型（Heaps 1978）和Hubert模型（Hubert & Labbé 1988）。这些模型能够根据词例的数量预测词种的增长情况，适用于分析有时间顺序的语料的词汇变化。

澳门作为中西文化的交汇地，推行"三文四语"政策，但目前关于澳门词汇演变的研究较少。媒体作为信息传播的主要渠道，是民众获取社会信息的重要来源，

———————
* 本研究受教育部国家语委"十三五"科研规划项目"澳门旅游休闲汉语研究"（YB135-159）的阶段性成果。王珊和张昊迪为本文通信作者。
作者贡献：
王珊：选题构思、数据收集、研究方法、初稿撰写、修改润色、字数占比（40%）；
陈钊：数据收集、数据分析、初稿撰写、字数占比（30%）；
张昊迪：研究方法、修改润色、字数占比（30%）。

而新闻媒体能够在一定程度上客观地反映社会现象和发展趋势。本文通过构建澳门中文媒体《澳门时报》新闻语料库，运用词汇增长模型进行分析，以验证此类模型对研究澳门新闻词汇变化的有效性。

2　词汇增长和澳门词汇研究

2.1　词汇增长研究

词种词例比是一种用来衡量二者之间关系的指标，广泛应用于作者身份判定、语言掌握情况评估等领域。例如，Hoover（2003）分析了 12 位作者的作品，发现词种词例比可以有效地判断作者的身份；Yu（2010）认为词种词例比与写作和口语质量在统计学上存在显著的正相关性，语言能力较高的人其词种词例比值也相对较高，因此词种词例比被视为评估学习者语言掌握情况的重要指标；Mellor（2010）指出词种词例比经常用于衡量说话者和写作者的语言水平，语言水平越高使用的低频词汇就越多；Wang（2014）分析了英语二语学习者电邮的词种词例比与写作熟练度之间的关系。

尽管词种词例比在分析固定文本内部的词汇特征方面非常有效，但由于它只能表示特定时间点上的词种与词例的比值，这使得它在历时分析中存在局限。而词汇增长模型通过数学函数来学习词种与词例之间的数量增长关系，学习后预测的词种与词例比值与词种词例比值的原理相似，能够有效地反映词汇丰富度。例如，Savoy（2015）分析了 1790—2014 年美国国情咨文演讲中词汇量的增长情况，涵盖了 42 位美国总统的 225 篇演讲。结果显示，当白宫应对反复出现的问题时，总统更倾向于重复使用论点；而在面对新情况或提出新方案时，词汇增长的预测值与实际观测值的差异变大。此外，王珊、王会珍（2021）通过分析中国 1954—2018 年的政府工作报告，探讨了词汇增长与政策之间的关系，并验证了该方法在中文数据集中的适用性。这些研究表明，词汇增长模型在分析演讲、政府工作报告的词汇演变方面具有重要价值。

2.2　澳门华语词汇研究

大华语是以普通话为基础的全球华人共同语（李宇明 2017），其在语音、词汇、语法、语用上有一定弹性和宽容度（陆俭明 2017），存在多个变体（徐大明、王晓梅 2009；李宇明 2017；田静、苏新春 2018）。

澳门作为中西文化的交汇之地，已有不少关于其语言使用的研究。例如，邵朝阳（1999）通过实地语料收集，分析了澳门博彩业隐语的使用；黄翊（2005）探讨了澳门清代中文文档中具有地方特色的词语；黄翊（2007）进一步分析了澳门语言生活的形成与发展；汤志祥（2008）认为香港与澳门的华语具有高度的共通性，但在词汇上仍存在一些差异；袁伟（2015）讨论了澳门中文平面媒体中的字母词规范问题；姚双云、黄翙（2014）对比了澳门与内地新闻词汇的差异；Wang & Luo（2019）分析了与澳门旅游相关的词汇使用情况；王珊、汤蕾（2022）从词汇来源、语音特点、构词方式和语义特征等方面分析了澳门华语的特色词汇，并考察了这些词在LIVAC汉语共时语料库中的区域分布和词义变化。然而，对澳门词汇使用的研究主要集中在共时层面，缺乏基于语料库的历时词汇增长与社会热点关系的分析。对澳门这样一个多语言、多文化地区的词汇演变进行研究，不仅可以验证词汇增长模型在新闻领域的适用性，还能够填补澳门词汇演变研究的空缺，提供更深入的语言发展动态分析。

3 构建《澳门时报》语料库

3.1 语料选取

新闻具有客观性、公正性和真实性，能够一定程度上反映社会热点和重大事件。本研究对澳门的多家新闻媒体进行考察，包括《澳门日报》《市民日报》《澳门法治日报》以及《体育周报》等。然而，《澳门日报》和《市民日报》分别仅提供2年和1年的语料，数据量较小，难以支持历时分析。《澳门法治日报》和《体育周报》主要聚焦于法律和体育领域的报道，无法全面反映社会热点的动态变化。因此，本文选择了综合性报纸《澳门时报》作为研究对象。《澳门时报》原名《时事新闻报》，1972年创刊，2015年9月更名为《澳门时报》，2016年6月15日由周刊改为日报。《澳门时报》以客观、专业的立场报道中国及全球的时事新闻和民生大事，紧密联系社情民意，关注社会民生。该报涵盖的语料内容广泛，包括法律、体育、民生以及国际热点等多个领域，视角全面而多元，适用于本研究的词汇分析。

3.2 语料预处理

由于中文文本中词与词之间没有间隔，进行词汇研究时需要首先对文本进行分词。本文选用了由北京大学语言计算与机器学习组开发的pkuseg分词工具包[1]（Luo *et al.* 2019）。pkuseg是支持针对不同领域的个性化分词工具，提供了新闻、网络、医药、旅游及混合领域的分词模型。鉴于本研究所使用的《澳门时报》语料属于新闻领域，本文采用了pkuseg的新闻分词模型，以确保分词的准确性和可靠性。

由于pkuseg分词工具包仅支持简体中文分词，而《澳门时报》使用的是繁体中文，因此本文首先使用OpenCC工具将繁体中文转换为简体中文，然后利用

pkuseg 对简体文本进行分词。分词完成后，再将分词结果对应回《澳门时报》中繁体文本中的切分位置，以获得最终的分词结果。此方法可以避免繁简转换过程中出现的"一简对多繁"或"一繁对多简"等问题。本文还对分词结果进行了进一步的处理，去除包含阿拉伯数字的词语（如包含"百""千""万""年""月"和"日"）以及标点符号，例如删除"1 万"和"1996 年"这类的词语，而"千锤百炼"这类的词语则保留。在词语与短语的界定上，学术界有较多争议。董秀芳（2004）认为多音节结构应归为复合词，如"计算机病毒""国家安全系统""社会政治经济学"等。因此，本研究也将类似的结构视为词，如"半导体工厂""新冠病毒核酸检测"等。

3.3 《澳门时报》语料库的信息

表 1 展示了《澳门时报》语料库的统计信息，包括年份、文章数、词例数（每年所有词的总数）、词种数（每年词例中不同词的数量）以及字数等数据。该语料库涵盖了从 2011 年 1 月 1 日—2021 年 6 月 7 日的内容，共收录了 50,411 篇文章，字数达 23,440,059 个，包含 10,303,095 个词例和 338,598 个词种[2]。其中，2011—2020年的语料共计 47,856 篇文章，字数为 22,096,302 个，包含 9,711,067 个词例和 326,466个词种[3]。

表 1　2011—2021 年《澳门时报》语料库概况

年份	文章数	词例数	词种数	字数
2011	1,205	360,657	30,972	793,163
2012	1,222	365,734	32,762	806,047
2013	1,482	444,130	36,152	982,346
2014	1,660	362,461	36,533	805,947
2015	2,148	437,260	45,121	982,622
2016	8,482	1,445,242	108,867	3,323,143
2017	11,801	2,043,629	135,444	4,683,304
2018	7,152	1,475,069	97,418	3,378,961
2019	6,066	1,306,562	80,320	3,016,205
2020	6,638	1,470,323	80,964	3,324,564
2021	2,555	592,028	47,228	1,343,757
总计	50,411	10,303,095	338,598	23,440,059

4 《澳门时报》的词汇增长

4.1 3 种词汇增长模型

词汇增长模型假定词例和词种之间存在一定的函数关系，通过拟合出来的模型预测在不同词例数量条件下的词种数。为了评估词汇丰富度的变化，通常会对比词种词例比与模型预测的词种值以及实际观测值之间的差异。现有的主要词汇增长模型包括 Guiraud 模型（Guiraud 1954）、Heaps 模型（Heaps 1978）和 Hubert 模型（Hubert & Labbé 1988）。

Guiraud 模型对词种与词例数量的比值关系进行建模，认为词种数量 V 与词例数量 N 的平方根的比值为常数。根据这个关系推导出预测词种数量V'与当前词例数量n之间的关系公式见(1)。

$$V'(n) = c \cdot \sqrt{n} \tag{1}$$

Heaps 是指数预测模型，公式见(2)和(3)。

$$V' = an^C \tag{2}$$

$$\ln(V') = \ln(a) + C\ln(n) \quad 0 < C < 1 \tag{3}$$

其中，V'表示词种的预测值，a和C为模型的参数，n为词例数量。Heaps 模型能够很好地拟合词例与词种之间的关系。Tweedie & Baayen（1998）的研究进一步指出，a和C这两个参数与词例数量相关。Hubert & Labbé（1988）提出了更复杂的 Hubert 模型，认为词种可以分为通用词汇（general vocabulary）和专业词汇（specialized vocabulary）两类。专业词汇在文本中通常很少重复出现，因此其词种与词例之间的比值呈线性关系。基于此，Labbé *et al.*（2004）提出假设，专业词汇占文本词种数的比例为p，通用词汇占文本词种数的比例为$1 - p$。该模型的公式见(4)。

$$V'(u) = puV + (1-p)\left[V - \sum_{i=1}^{k} \left[V_i(1-u)^i \right] \right] \tag{4}$$

V是文本的词种数，k是出现的最高词频，V_i是出现频次为i的词的数量，u表示预测语料占总语料的比例，即一篇文章中需要预测的词例数与文章总词例数的比值，而$(1-u)^i$表示频率为i的词种不出现在样本中的概率。此外，Hubert 模型假设词语在文本中的出现次数与文本的长度有关，并且词语的出现频率与其增长速率成正比关系，即出现频率越高的词语，其增长速率越快。

本文采用 Guiraud、Heaps 和 Hubert 三个模型对《澳门时报》语料库进行拟合分析，并使用 scipy[4] 框架，通过非线性最小二乘法对数据的残差平方和进行优化，见公式(5)。该函数用于评估模型预测值与实际观测值之间的误差，并对模型进行优化。其中，Guiraud 模型的参数为 r = 98.028625；Heaps 模型的参数为 a = 2.785034，

C = 0.727058；Hubert 模型的比例参数为p = 0.316723。本文将选择效果最优的模型进行误差分析。

$$MSE = \sum_{i=1}^{m} [V'(i) - V(i)]^2 \tag{5}$$

4.2 《澳门时报》的词汇增长

本节对全部语料进行处理，以每 1,000 个词例为采样单位进行模型拟合。图 1 展示了《澳门时报》语料库中词种数量随词例数量增加的实际观测值，以及 3 个模型对这一变化的预测值。Tokens 的数量为x轴，Types 的数量为y轴的曲线。Guiraud 模型的预测曲线在整体上表现出明显的偏差。起初，词例数量较少时，预测值明显高于实际观测值，随着词例数量的增加，模型的预测值明显低于实际观测值。Heaps 模型和 Hubert 模型的预测值都能够较好地反映实际观测值的变化，但 Heaps 模型在整个过程中与实际观测值更为接近。

图 2 进一步展示了观测值与预测值之间的差异，其中数值越接近 0，预测的准确性越高。结果显示，Guiraud 模型的预测效果最差，且方差较大，与实际数据的平均差值为−7,414.67。Hubert 模型的预测效果相对较好，其与实际数据的平均差值为1,729.56。Heaps 模型的预测效果最佳，与实际数据的平均差值仅为−526.22。从 3 条曲线中可以明显看出，Heaps 模型的预测效果优于 Hubert 模型，而 Guiraud 模型的效果最差。因此，本文在后续分析中将采用 Heaps 模型的预测结果进行分析。

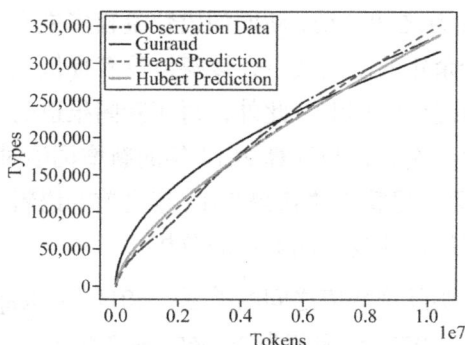

图 1　不同模型词种数量预测曲线　　图 2　不同模型预测误差分布

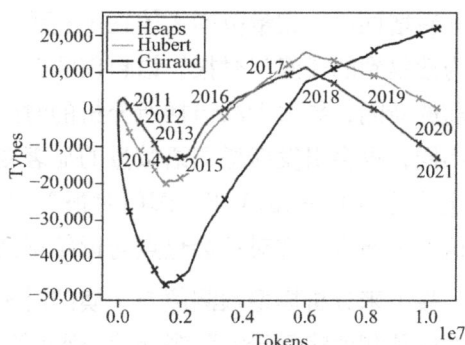

5　澳门中文媒体词汇分析

表 2 统计了《澳门时报》2011—2020 年的数据，包括词例数（每年及其之前所有年份的词例总和）、观测词种数量（每年及其之前所有年份的词种数量总和，相同

词种在不同年份中只计算一次)、Heaps 预测值、观测值词种词例比、预测值词种词例比、预测误差(预测值－观测值)和新增词语数量(即每年新增的词种数,等于该年的词种观测值减去之前所有年份的词种观测值)。

表 2　每年观测值与 Heaps 预测值

年份	词例数	观测值（词种数）	Heaps 预测值	预测误差	观测值词种词例比	预测值词种词例比	新增词语数
2011	360,657	30,972	30,560	−412	0.086	0.085	—
2012	726,391	47,370	50,844	3,474	0.065	0.070	16,398
2013	1,170,521	62,510	71,927	9,417	0.053	0.061	15,140
2014	1,532,982	76,015	87,513	11,498	0.050	0.057	13,505
2015	1,970,242	93,893	105,029	11,136	0.048	0.053	17,878
2016	3,415,484	159,417	156,685	−2,732	0.047	0.046	65,524
2017	5,459,113	231,432	220,347	−11,085	0.042	0.040	72,015
2018	6,934,182	270,122	262,198	−7,924	0.039	0.038	38,690
2019	8,240,744	298,395	297,261	−1,134	0.036	0.036	28,273
2020	9,711,067	326,466	334,948	8,482	0.034	0.034	28,071

　　新增词语的数量范围大体在 1.3 万—7.2 万之间波动,新增词语数量较多主要是因为搜集到的《澳门时报》语料仅涵盖近十余年的新闻文本,该媒体没有提供在此之前的新闻,导致无法包括所分析的时间点之前的词汇。此外,每年新闻报道的主题不同,也会引发新增词语数量的显著变化。例如,当计算 2014 年的新增词语时,对比的是 2011—2013 年《澳门时报》的词语。尽管无法获得 2011 年之前的语料,但这并不妨碍本文对社会热点与近年来澳门词汇演变之间关系的分析。

　　接下来分析模型预测值与《澳门时报》实际观测值之间的关系。2011 年 Heaps 模型的预测值略低于实际观测值,观测值为 30,972,预测值为 30,560,前者多出 412。这表明 2011 年有较多的热点。例如:"核电站"与日本福岛核电站的核泄漏事故有关,该事故在全球范围内引起了广泛关注,核能安全成为热门话题;"珠海北站"指的是珠海北站的正式投入使用;"本拉登"与他被击毙的事件相关,这一事件引发了全球范围内的反恐讨论和安全关注。2008 年底公布的《珠江三角洲地区改革发展规划纲要》,首次从国家发展战略层面明确澳门"世界旅游休闲中心"的发展定位[5]。2011 年,国家"十二五"规划提出"支持澳门建设世界旅游休闲中心""支持澳门推动经济适度多元化""加强内地和香港、澳门交流合作"[6],进一步推动了澳门本地旅游资源的开发和利用。在这一政策背景下，出现了如"控烟""区域性""国际休闲中心""一程多站"等词语。"控烟"反映了澳门特区政府为提高公共健康水平，推行严格的控烟措施；"区域性"指的是澳门在区域合作中的角色和影响力不断增强；"国际休闲中心"体现了澳门作为全球旅游目的地的地位不断巩固；"一程多站"是指旅游线路规划中多个目的地的组合，增强了游客的体验。

2012 年预测值高于观测值，观测值为 47,370，预测值为 50,844，前者比后者少 3,474，表明这一阶段的词汇使用相对稳定。这一年《澳门时报》报道的全球和本地热点事件较少，报道主要集中在民生领域，例如"物业""医疗"和"市场"等非新增词语的使用频率大幅增加。不过该阶段仍然出现了 16,398 个新增词语，反映了当时一些引发广泛关注的新闻事件。例如：澳门特区政府在这一年增加了对历史文化的重视，《文化遗产保护法》进入立法程序，催生了"文遗法""物质文遗"和"文化遗产"等词语。此外，2012 年神舟九号载人飞船成功发射，这一重大航天事件带来了"神舟""载人航天代表团"和"航天员"等与航天相关的词汇。澳门大西洋银行和中国银行发行了纪念钞"龙钞"，由此出现了"发钞""新钞"和"龙钞"等与金融相关的词汇。同时，澳门大力推进 3G 信号的普及，这使得"2G""3G"和"智能机"等与通讯技术相关的词汇频率大幅提高，反映了当时通讯领域的快速发展和技术升级。这些词汇的出现，体现了澳门在历史文化保护、航天事业、金融创新和通讯技术等方面的发展趋势。

2013 年预测值高于观测值，观测值为 62,510，而预测值为 71,927，前者比后者少 9,417。该年度新增词语 15,140 个。这一年是科技飞速发展的一年，许多与科技相关的词汇涌现出来。其间发生了几个重要事件，包括辽宁舰首次编队赴南海试验训练、神舟十号成功发射以及 2012 年底第二代北斗卫星开始为亚太地区用户提供区域定位服务。这些事件催生了一批相关词汇，如"北斗""辽宁舰""军舰"和"探月"等。2013 年也是澳门立法会选举年，与选举和立法相关的词汇如"选举法"和"选举日"等的使用频率显著上升。尽管这一年有许多新闻热点，但由于澳门政策的相对稳定以及热点新闻的减少，媒体报道更多集中在民生问题上。这导致 Heaps 模型预测的词汇增长速率高于实际观测值的增长速率，观测值与预测值之间的差距较上一阶段扩大了 5,943。这一现象表明，尽管科技和政治事件引发了部分新增词语的出现，整体词汇使用的变化趋于平稳，更多的词汇增长反映了澳门社会对民生问题的持续关注。

2014 年观测值比预测值小，观测值为 76,015，预测值为 87,513，前者比后者少 11,498，新增词语数量为 13,505 个。该年的新闻报道主要聚焦于民生问题，如治安、青少年事务和社会福利等话题。这一年也是澳门回归祖国 15 周年，催生了"爱国人士"等之前未出现的与爱国相关的词汇，反映了澳门社会对这一重要历史时刻的关注。此外，埃博拉病毒在全球范围内进一步蔓延，导致了"埃博拉"和"隔离带"

等与传染病相关的词语进入公众视野，反映了社会对公共卫生和传染病防控的高度关注。澳门 A 区的填海工程也成为媒体关注的焦点之一，"轻轨半岛"等词汇出现，反映了澳门城市基础设施建设的进展。此外，为了保障本地人才的培养，澳门特区政府在 2014 年提出了一系列长期发展计划，催生了"精英人才团队"和"人才发展委员会"等词汇。这些词汇反映了澳门在推动人才培养和提升城市竞争力方面的政策导向。同年，马航 MH370 航班失踪事件震惊全球，新闻报道中出现许多与航天和空难相关的词汇，如"空难""尾翼""雷达应答机"和"马航"等，显示出社会对这场空难事件的持续关注和讨论。总的来说，2014 年的词汇变化反映了澳门社会在关注民生的同时，对重大国际事件、公共卫生问题以及城市发展等领域的关注。

2015 年预测值大于观测值，观测值为 93,893，预测值为 105,029，前者比后者少 11,136，新增词语 17,878 个。这一年，澳门的博彩业收入创 5 年来新低，不过澳门特区政府一直倡导的经济多元化显示出成效，出现了许多其他行业的词汇。例如"纺织业"一词反映了澳门在制造业方面的复苏，"连锁书店"体现了零售和文化产业的扩展。值得一提的是，这一年电子商务领域在澳门获得了关注，支付宝于 2015 年进入澳门市场，成为首个在澳门提供扫码支付服务的第三方支付平台，"微商"代表了新兴经济模式在澳门的出现和发展；"网购"反映了跨境电商风潮下人们购物方式的转变；"亚马逊"和"淘宝"代表了全球和区域性的电子商务平台；"顺丰"作为物流快递的代表，反映了跨境电商对物流行业的需求增长。这些词不仅展示了澳门在经济多元化发展中的新趋势，还反映了科技进步和消费模式的转变对澳门社会的影响。此外，2015 年也是抗日战争胜利 70 周年，北京天安门广场举行了盛大的阅兵仪式以纪念这一历史事件，由此出现了一些之前阶段未出现的词语。例如："慰安妇"引发了社会对历史正义的再度关注；"阅兵式"不仅描述了此次大型军事活动，还象征着国家力量；"南京军事法庭"与二战后的战争罪审判有关，引起人们对历史事件的反思和讨论。

2016 年预测值结果开始小于观测值，说明新增热点较多。预测值为 156,685，而观测值为 159,417，两者相差 2,732，新增词语 65,524 个。这一年，《澳门时报》对国外体育联盟的报道较多，大量体育相关的新增词语涌现。例如："湖人""西甲""投篮""拜仁"和"皇马"等词汇都与 NBA 和西甲联赛等体育赛事相关，反映了澳门社会对国际体育赛事的浓厚兴趣和关注。澳门在市场上 3 次发现禽流感病毒，引发了广泛的公共卫生关注。与此相关的词汇如"横琴检验检疫局""传染病中心"和"病毒"成为新闻报道中的高频词，反映了澳门社会对传染病防控和公共健康的重视。此外，在第十一届中国国际航天博览会上，歼-20 战斗机首次公开亮相并进行飞行展示，这一重大军事事件引发了大量与之相关的词汇的出现，如"歼-20""载弹量"和"超音速"等。这些词汇不仅反映了中国军事技术的进步，也引起了广泛的社会关注，成为当年的重要话题之一。总体而言，2016 年大量涌现的词汇主要集中在体育和军事领域。《澳门时报》对 NBA 和西甲等国际体育赛事的广泛报道，以及对中国航天技术的关注，都是导致 Heaps 模型预测值低于实际观测值的主要原因。这一年新增词语的暴发，体现了澳门社会对全球事件的敏锐反应和高度关注。

2017 年预测值小于观测值，预测值为 220,347，观测值为 231,432，两者相差 11,085。这一差距可以归因于几个关键因素：首先，《澳门时报》从 2016 年 6 月中旬起，由周刊变为日刊，导致语料量大幅增加，直接影响了词汇的观测值；其次，澳门在 2017 年推出了一些新政策，特别是在智慧城市建设方面，采用了大数据和人工智能等技术来优化城市管理，并提供了多项相关服务。这些政策的实施催生了一些新增词语，如"智慧城市联盟工作组""智慧城市委员会"和"澳门云计算中心"等，这些词语反映了澳门在智慧城市建设中的进展和创新。澳门的电话诈骗案件数量显著上升，媒体对此进行了大量报道，导致了"电骗""电号"和"电人"等词汇的出现，反映了社会对电信诈骗问题的高度关注以及政府和公众对打击此类犯罪所做的努力。中国出现了"新四大发明"的概念，指代高铁、支付宝、共享单车和网购，这些新兴事物迅速融入社会生活，相关的词汇如"共享化""摩拜"和"轻轨博物馆"等也随之进入了媒体报道的高频词汇中。这些词汇不仅反映了中国科技和创新的快速发展，还展示了这些新发明对社会的深远影响。总体而言，2017 年的词汇增长反映了澳门社会在多个领域的变化与发展，特别是在智慧城市建设和应对新兴社会问题方面。

2018 年预测值小于观测值，预测值为 262,198，观测值为 270,122，两者相差 7,924。该年度共出现了 38,690 个新增词语，大部分与美食、应急机制和人工智能相关，如"本澳防灾避险中心""智慧警务所""美食之都小组""澳门美食网路""美食旅游团""阿里云计算有限公司""港澳大湾区人工智能联盟"和"人工智能时代"等。这些词汇反映了当年澳门社会的几个重要热点事件。首先，2017 年澳门经历了一场严重的飓风灾害，造成了巨大的损失。这一背景下，澳门特区政府在 2018 年出台了"完善应急机制，强化公共安全"的政策措施，切实提高防灾减灾的能力和水平。新增词语如"本澳防灾避险中心"和"智慧警务所"反映了这些措施的实施，以及社会对公共安全和应急响应能力的关注。其次，澳门致力于打造"创意城市美食之都"，这一目标在 2018 年得到进一步推动。澳门于 1 月 17 日启动了"澳门美食年"项目，推广澳门特色美食，提升城市的国际知名度，从而推动旅游业的发展。新增词语如"美食之都小组""澳门美食网路"和"美食旅游团"正是这一系列活动的产物，展示了澳门在美食文化推广方面的努力和成果。最后，智慧城市建设在 2018 年进一步推进，澳门开始更加重视人工智能、大数据和云计算技术的发展。这一趋势催生了诸如"阿里云计算有限公司""港澳大湾区人工智能联盟"和"人工智能时代"等词语，反映了澳门在科技创新和城市智能化建设方面的积极探索。总体而言，

2018 年的词汇增长不仅反映了澳门在应对自然灾害、美食文化推广和智慧城市建设方面的努力，也展示了澳门在全球化和技术进步背景下的社会变革。

2019 年预测值小于观测值，观测值为 298,395，预测值为 297,261，两者相差 1,134。这表明模型预测值与观测值之间的误差逐渐缩小，反映出新闻报道内容开始趋于稳定。2019 年新增 28,273 个词语，其中许多与科技发展密切相关。2019 年被视为科技发展的重要一年，澳门在这一年迎来了多个重大科技事件。例如：澳门电讯成功拨通了澳门首个 5G 电话，这标志着澳门正式进入 5G 时代，推动了通信技术的快速发展；华为推出了自主研发的鸿蒙操作系统，作为应对美国制裁的一部分，这一事件引发广泛关注，并催生了与之相关的词语如"鸿蒙"和"美国科技战"等。澳门还举办了三大国际人工智能会议，这为澳门人工智能产业的发展注入了新的动力，带来许多与人工智能相关的词汇。例如："人工智能科学""人工智能控烟"和"人工智能门诊"等词汇展示了人工智能技术在医疗和公共健康领域的应用和扩展。此外，"微电子研发中心"体现了澳门在微电子领域的研发进展；"半导体工厂"反映了澳门在半导体制造方面的努力。新增词语不仅记录了澳门在科技创新领域的进展，也表明了澳门在面对全球科技变革时的应对策略。

2020 年预测值大于观测值，预测值为 334,948，观测值为 326,466，相差 8,482。这一年最大的事件无疑是新型冠状病毒的全球大流行。2020 年 1 月 22 日，澳门确诊了首例新冠肺炎病例，此后疫情迅速蔓延，全球经济受到严重冲击，许多国家和地区陷入衰退。面对这一前所未有的危机，中国展现了强大的动员能力，迅速采取措施应对疫情，并努力推动经济复苏。新增词语的增加主要集中在与新冠疫情相关的领域。例如："新冠病毒核酸检测"反映了广泛应用于诊断新冠病毒感染的关键技术；"绿码"是健康码系统中的一个重要标志，用于显示个人的健康状态；"新冠病毒"成为了疫情报道中的核心词汇；"粤澳健康码"是粤港澳大湾区为应对疫情而推出的跨境健康码系统；"澳门应急医疗队"体现了澳门在应对公共卫生危机中的迅速反应；"紧急防疫指挥中心"代表了政府在疫情期间设立的危机管理机构。虽然 2020 年新增了 28,071 个词汇，但由于与新冠或医疗相关的词汇使用频率极高，这些词汇的增长速度超过了其他新增词汇的增加速度，导致整体词汇丰富度（词种词例比）略有下降。也就是说，尽管新增词汇数量显著增加，但这些高频词汇的使用导致了整体词汇分布的集中化，减少了词种词例比的变化幅度。这一现象反映了疫情对社会的深远影响，新冠相关词汇迅速占据了媒体报道的主导地位，成为这一年语言使用的显著特征。

6　澳门词汇增长的验证程序

上一节通过分析不同年份的新增词语和相关热点事件，探讨了预测值与观测值之间的差异。然而，这些差异究竟是由新闻内容的变化引起的，还是由模型拟合误差导致的，还需要进一步验证。本节通过随机化方法对收集到的所有语料进行验证。如果误差的增大是由新闻内容引起的，那么随机化实验的结果中，误差应该有所减少（Savoy 2015）。验证方法为将整个语料库的所有词语顺序打乱，随机生成新的文本。这些新文本的词例总数和词种总数与原始语料库保持一致。如果打乱后的观测值与预测值的差异小于原语料库的差异，而唯一的变量是文本的原有时序语义信息，那么就可以证明，新闻内容的实时性是导致观测值与模型预测值之间误差的主要原因。

为了更好地观察预测值与观测值之间的差异，本文使用模型拟合后的结果计算预测值与观测值差异的标准分 Z-Score（Savoy 2015）作为衡量模型拟合效果的指标。这种方法能够更加准确地判断新闻内容的变化在多大程度上影响了模型的预测效果，并验证模型在处理不同语料时的可靠性。

图 3 展示了随机文本的增长曲线与模型拟合后的预测曲线。训练时 Heaps 模型参数为 $a = 35.708521$，$C = 0.566868$。可以看出，Heaps 模型拟合的曲线几乎与随机文本的增长曲线重合，其平均误差为 -52.08，显著低于真实文本中的拟合误差。

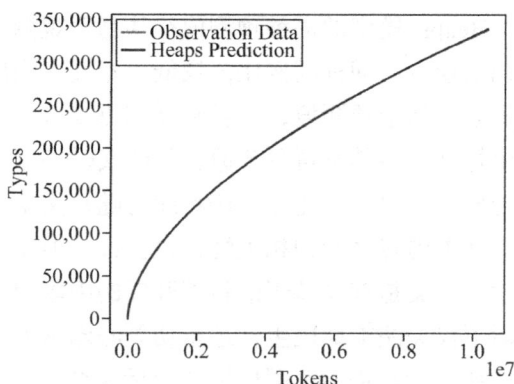

图 3　随机文本增长与预测曲线

图 4 和图 5 分别展示了真实文本与随机文本的预测误差 Z-Score 分布。在这两个实验中，大部分 Z-Score 数据都处于 $[-3\sigma, 3\sigma]$ 的范围内，这表明这两个实验的误差均在可接受的范围内。图 3 显示，随机文本的预测误差远小于真实文本的实验误差，且随机文本的误差表现出一定的随机性，从而进一步支持了这一结果：真实文本中 Heaps 模型的拟合误差主要来源于文本内容的变化，而不是模型的缺陷。

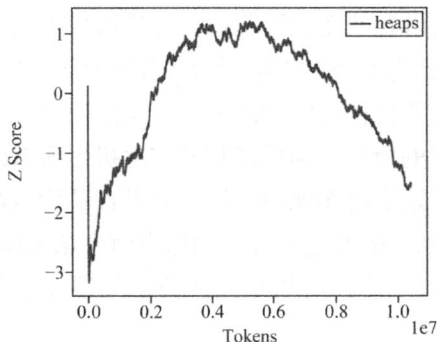

图 4　真实文本的预测误差 Z-Score 分布　　图 5　随机文本的预测误差 Z-Score 分布

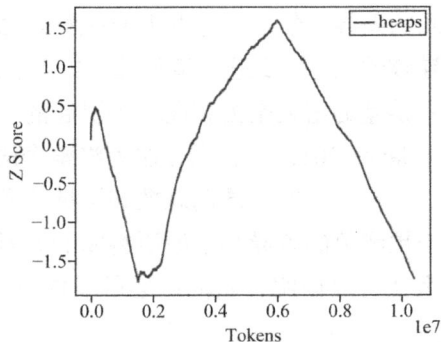

7　结论

　　目前对澳门词汇的分析主要集中在共时层面，缺乏利用大规模语料库进行的词汇演变研究。首先，本文以《澳门时报》十余年的语料为基础，探索澳门词汇的变迁。其次，本文采用 3 种词汇增长模型即 Guiraud、Heaps 和 Hubert 模型，对词汇的历时演变进行了建模分析。结果显示，Heaps 模型的拟合效果最佳。通过对 Heaps 模型预测值与实际观测值之间的差异进行探究。本文发现，在政策稳定及世界热点新闻较为平稳的情况下，Heaps 模型的词种预测值往往高于观测值，反映出词语的重复使用率较高，新增词语较少，词种词例比值较低；相反，当出现重大热点事件或新政策出台时，观测值通常高于预测值，表明新增词语较多。再次，本文通过将语料库中的文本顺序随机打乱，使其不再具备原文的语义时序信息，并利用 Heaps 模型对乱序文本进行拟合分析。通过对比原始语料库与随机文本的标准分数，进一步证明了模型预测误差与文本内容之间的相关性，也验证了 Heaps 模型在新闻媒体语料历时分析中的有效性。本文是首项基于语料库开展的中国澳门词汇演变的研究，揭示了澳门的语言生活不仅关注本地民生，还密切关心国家大事和国际时事，展现了澳门作为中西交汇的社会所具备的家国情怀和国际视野。

注释

1　　网址：https://github.com/lancopku/pkuseg-python。

2　　将 2011 年 1 月 1 日—2021 年 6 月 7 日的词种数相加为 731,781 个，去除重复后为 338,598 个。

3　　将 2011—2020 年每年全年词种数相加为 684,553 个，去除重复后为 326,466个。

4　　网址：https://www.scipy.org/。

5　　网址：https://www.gov.mo/zh-hans/news/48808/。

6 网址：https://www.gov.cn/2011lh/content_1825838_15.htm。

参考文献

GUIRAUD P. Les caractères statistiques du vocabulaire: essai de méthodologie [M]. Paris: Presses universitaires de France, 1954.

HEAPS H S. Information retrieval, computational and theoretical aspects [M]. New York: Academic Press, 1978.

HOOVER D L. Another perspective on vocabulary richness [J]. Computers and the Humanities, 2003, 37: 151-178.

HUBERT P, LABBE D. A model of vocabulary partition [J]. Literary and Linguistic Computing, 1988, 3(4): 223-225.

LABBE C, LABBE D, HUBERT P. automatic segmentation of texts and corpora [J]. Journal of Quantitative Linguistics, 2004, 11(3): 193-213.

LUO R, XU J, ZHANG Y, et al. PKUSEG: a toolkit for multi-domain Chinese word segmentation [J]. ArXiv abs/1906. 11455, 2019.

MELLOR A. Automatic essay scoring for low level learners of English as a second language [D]. Sketty: Swansea University, 2010.

SAVOY J. Vocabulary growth study: an example with the State of the Union addresses [J]. Journal of Quantitative Linguistics, 2015, 22(4): 289-310.

TWEEDIE F J, BAAYEN R H. How variable may a constant be? Measures of lexical richness in perspective [J]. Computers and the Humanities, 1998, 32: 323-352.

WANG S, LUO H. A corpus-based study of the vocabulary of Macao tourism Chinese [C]// TAO H, Chen H H-J. Chinese for specific and professional purposes. Singapore: Springer, 2019: 373-391.

WANG X. The relationship between lexical diversity and EFL writing proficiency[J]. University of Sydney Papers in TESOL, 2014, 9: 65-88.

YU G. Lexical diversity in writing and speaking task performances[J]. Applied Linguistics, 2010, 31(2): 236-259.

董秀芳. 汉语的词库与词法[M]. 北京：北京大学出版社，2004.

黄翊. 澳门语言研究[M]. 北京：商务印书馆，2007.

黄翊. 清代中文档案中的澳门汉语词汇[J]. 华东师范大学学报（哲学社会科学版），2005，（3）：56-56.

李宇明. 大华语：全球华人的共同语[J]. 语言文字应用, 2017, （1）: 2-13.

陆俭明. "华语"的标准：弹性和宽容 [J]. 语言战略研究, 2017, 2（1）: 1.

邵朝阳. 澳门博彩隐语研究[J]. 中国语文，1999，（4）：267-274.

汤志祥. 论"港澳词语"以及"澳门特有词语"[J]. 江苏大学学报（社会科学版），2008，（5）：24-29.

田静，苏新春. 文化互动视野下的"大华语"概念新探——兼谈华语社区词的文化间性[J]. 新疆社会科学，2018，（5）：142-148.

王珊，汤蕾. 澳门华语特色词汇研究[J]. 语言战略研究，2022，（2）：74-85.

王珊，王会珍. 中文词汇增长研究[J]. 中文信息学报，2021，（1）：17-24.

徐大明，王晓梅. 全球华语社区说略[J]. 吉林大学社会科学学报，2009，（2）：132-137.

姚双云，黄翅. 澳门与内地新闻语篇词汇差异的计量研究[J]. 语言文字应用，2014，（2）：27-37.

袁伟. 中国澳门特区中文平面媒体中字母词的规范研究[J]. 语言文字应用，2015，（3）：68-75.

通信地址： 999078　澳门特别行政区　澳门大学人文学院（王珊、陈钊）

519000　广东省珠海市　珠海澳大科技研究院（王珊）

518052　广东省深圳市　深圳大学计算机与软件学院（陈钊、张昊迪）

200031　上海市　中国科学院上海脑科学与类脑研究中心（张昊迪）

现代汉语历时语料库 HCMC 的研制*

浙江大学 邵 斌 陈泽南 浙江财经大学 宋 捷

提要： 本文主要介绍现代汉语历时语料库（Historical Corpus of Modern Chinese，简称 HCMC）的研制。作为国内为数不多的亿字级别现代汉语历时语料库，HCMC 借鉴美国英语历时语料库的建库模式，力求在时段和语域上按相同比例连续取样，具有较好的平衡性与代表性。此外，HCMC 提供词性标注以及语域、文本作者等元信息。因此，HCMC 可广泛应用于汉语本体以及汉外语言对比的变异与演变研究。

关键词： HCMC、现代汉语、历时语料库、语言变异与演变

1 引言

现代汉语历时语料库（Historical Corpus of Modern Chinese，简称 HCMC）是参照美国英语历时语料库（The Corpus of Historical American English，简称 COHA）的抽样方法（Davies 2012）构建的亿字级别的现代汉语百年历时语料库。该库由浙江大学外国语学院邵斌教授主持建设，力求选材合理、取样均衡，尽可能真实地反映现代汉语在过去百年间的发展面貌。

历时语料库涵盖来自多个时段或跨越较长时期的文本语料（McEnery & Hardie 2012：242），其时间跨度可达数十年、数百年乃至上千年。秦洪武、王克非（2014）指出，现代历时语料库主要有两种：一种是采用相同的取样框架，按时间顺序从不同时段内选取语料，另一种是监控语料库（monitor corpus），随时间推移持续加入新

---

* 本文系国家社科基金重点项目"基于语料库的汉英动名兼类词历时演变对比研究（1919—2019）"（20AYY001）与浙江省大学生科技创新活动计划（新苗人才计划）项目"大型现代汉语历时语料库的研制与应用"（2023R401175）的阶段性研究成果。感谢浙江大学吴侠、史慧琳、沈莹、张嘉萱、李雨飞、曾凡珂、张馨月、林淑琪、吴欣莹、林一婧、宁若汐、王健坤、胡蕴华、毛雅琼、门颖楠、求佳洱、梁力文、许嘉宇、余悦、何嘉丽、楼高原、祁豫、陈怡静、孙铭堃、王欣怡、张馨尹、刘旸琛卉、王庆薇、刘希夷、林家瑾、郭佳睿、马欣予、洪佳瑶、张容豪、贾晓凤，浙江财经大学周婉婷同学参与了 HCMC 新闻部分语料的收集工作。邵斌为本文通信作者。

作者贡献：
邵斌：选题构思、数据收集、初稿撰写（字数占比 40%）、修改润色；
陈泽南：数据收集、初稿撰写（字数占比 30%）、修改润色；
宋捷：数据收集、初稿撰写（字数占比 30%）。

文本，故能实时反映语言的动态变化。HCMC 属于第一种历时语料库。下文着重介绍当前英汉语历时语料库的研制现状与 HCMC 的建设过程。

2　研制背景

历时语料库的一个共性是其所包含的语料是沿时间维度组织的，但除此之外，不同的历时语料库在规模、构成、范围、标注和文本性质等方面差异显著。由于历史语料获取的局限性和研究目的的多样性，理想的历时语料库尚无定论（Davidse & De Smet 2020：212）。不过，根据 Rissanen et al.（1993：7），历时语料库建设需考虑以下 4 个标准。（1）有序的时间覆盖，即所选语料要能代表所涉时段内的所有文本材料；（2）地域覆盖，即语料要涵盖语言的不同地域变体；（3）社会语言覆盖，即所选取的文本应尽可能源自不同性别、年龄、教育程度和社会背景的作者；（4）体裁覆盖，即要注意文本体裁的广泛性和多样性（转引自秦洪武、王克非 2014：4）。基于上述标准，本节旨在考察之前英汉语历时语料库研制的现状与不足。

2.1　英语历时语料库的研制

表 1 按照建库或发布的时间先后，列举了常用英语历时语料库的建设者、库容、时间跨度等信息。由表 1 可知，英语历时语料库的建设已基本考虑到上述建库标准，库容逐渐由百万词级向亿词级扩展，时间跨度以百年为主，选材抽样关注时段、体裁、语言变体等方面的均衡性。

表 1　英语历时语料库简介 [1]

语料库	建库负责人	库容	时间跨度	选材/抽样方法
Helsinki Corpus	Matti Rissanen	1,572,800 词	730—1710	收集古英语、中古英语和早期现代英语语料，分 70 年、80 年或 100 年划分子时段，取样已考虑时段、方言、6 种体裁、社会变量等方面的均衡性。
ARCHER	Douglas Biber	3,298,080 词（初版为 1,789,309 词）	1600—1999	以 50 年为单位划分出 8 个子时段，涵盖戏剧、小说、教会布道辞、新闻等 12 种体裁，每个子时段内各体裁的语料比例一致，同时收录英美英语变体语料。

（待续）

（续表）

语料库	建库负责人	库容	时间跨度	选材/抽样方法
Brown 家族（Brown、LOB、Frown、FLOB、BLOB-1931、B-Brown、Crown2021、CLOB2021）	W. Nelson Francis、Geoffrey Leech、Christian Mair、Paul Baker、许家金等	每个语料库均 100 万词	1931, 1961, 1991, 2021	该家族语料库均按照 Brown 语料库的建库方案，包含 500 个样本，每个样本约 2,000 词，涵盖新闻、小说、学术论文等 15 种体裁；对比使用可作为间隔30/60/90年的英美英语历时语料库。
CEEC 家族（CEECS、PCEEC、CEECE、CEECSU）	Terttu Nevalainen	共计约 510 万词	1402—1800	CEEC 家族语料库收录了从 1402—1800 年这 400 年间的 12,000 份私人信件。语料收集时考虑若干社会变量的平衡，包括作者性别、社会地位、作者和收信人之间的关系等。
ZEN	Udo Fries	约 160 万词	1661—1791	分 10 年段连续收集英语新闻语料（主要是伦敦报纸），涵盖新闻、失物招领、公告、广告等 10 种子体裁。
CED	Merja Kytö、Jonathan Culpeper	1,183,690 词	1560—1760	以 40 年为单位划分出 5 个子时段，每个子时段收录 20 多万词的语料；涵盖 5 种体裁，可分为两大类：真实的对话（庭审记录、证人证词）、构建的对话（戏剧喜剧、教学文本、散文小说）。
Time Magazine Corpus	Mark Davies	约 1 亿词	1923—2006	收录 1923—2006 年的美国《时代周刊》杂志语料。
COHA	Mark Davies	4.75 亿词	1820—2019	分 10 年段连续收集语料，涵盖小说、通俗杂志、新闻、非小说图书 4 种体裁，每个 10 年段内的各体裁语料比例基本一致，其中小说占 50%左右。
Hansard Corpus	Mark Davies	约 16 亿词	1803—2005	收录 1803—2005 年在英国议会发表的所有演讲。

（待续）

（续表）

语料库	建库负责人	库容	时间跨度	选材/抽样方法
EEBO	Mark Davies	约 7.55 亿词	1473—1700	收录 1473—1700 年间英国及其殖民地的纸本出版物，以及这一时期世界上其他地区的纸本英文出版物，体裁涵盖文学作品、军事、年鉴、公告、宗教和其他公共文件等。

在英语历时语料库的研制上，欧洲学者起步较早，做了诸多开创性的、奠基性的探索，通用和专用语料库的建设齐头并进。1991 年，赫尔辛基大学的 Matti Rissanen 主持建成了世界上最早的通用英语历时语料库，即赫尔辛基英语文本语料库（Helsinki Corpus），其库容约为 160 万词，涵盖从公元 730 年前后到公元 1710 年间的历史语料，涉及古英语、中古英语和早期现代英语。此后，多个关注特定语域的专用英语历时语料库相继问世，比如苏黎世英语新闻语料库（ZEN），其研制仍遵循上述标准，在体裁覆盖方面尽可能收集多种新闻体裁的语料。

沿袭上述标准，美国学者在历时语料库建设方面也取得了丰硕成果，其中 Douglas Biber 和 Mark Davies 做出了突出贡献。Biber 于 1993 年建成 ARCHER 语料库，包含从 17 世纪至 20 世纪约 180 万词的语料，目前已扩展至近 330 万词，并覆盖英美语言变体与十余种体裁。21 世纪以来，美国杨百翰大学的 Mark Davies 创建了一系列规模过亿、取样均衡的历时语料库。其中，美国英语历时语料库（COHA）是通用历时语料库的典型代表，它包含 1820—2019 年的小说、通俗杂志、新闻、非小说图书语料，以每 10 年划分时段，每个时段中各体裁的取样比例一致（Davies 2012）。由表 1 可知，Davies 还研制了若干特定体裁的百年历时语料库，比如《时代周刊》语料库（Time Magazine Corpus）和英国议会议事录语料库（Hansard Corpus）。总的来说，美国历时语料库的特色是多语域取样，这也是美国语料库语言学的重要特征（许家金 2019，2020）。

上述语料库大多是在某历史时期内连续取样所得，除此之外，也有按照相同取样方案、每隔一个固定的时段建库所形成的历时语料库家族。最广为人知的便是布朗家族语料库，该族语料库的抽样框架均承袭 Francis & Kučera（1964）构建的"当代美国书面语标准语料库"，即"布朗语料库"，涉及英美英语变体和 15 种体裁，间隔 30 年建库，因各库的高度可比性可合并使用，考察英语语言在数十年间的变异与演变，相关介绍可参看许家金（2020）。

2.2 汉语历时语料库的研制

汉语历时语料库的研制与应用研究起步较晚，相关设计思路和研究思路不够成熟，严格意义上的历时语料库还很少见，需要借鉴国外的相关建库经验（秦洪武、王克非 2014）。21 世纪以来，我国学者在历时语料库的研制上进行了积极探索，创建了若干百万甚至亿字/词级别的汉语或汉英历时语料库（见表 2）。

表 2　汉语或汉英历时语料库简介

库名	建库负责人	库容	时间跨度	选材/抽样方法
CCL 语料库	詹卫东	古代汉语语料约 10.9 亿字符，现代汉语语料约 47.5 亿字符	从周朝至今（约 3,000 年）	古代汉语部分从周朝起至民国初年，按照朝代分期，体裁包括经、史、诗、词、曲、诸子百家散文等，现代汉语部分涵盖文学、口语、网络语料、应用文、学术文献等十余种体裁，两部分均未在时段和体裁上进行均衡抽样。
BCC 语料库	荀恩东	约 95 亿字	未知	包含报刊、文学、综合、古汉语、对话子库，具体时段划分不明，似未在时段和体裁上均衡抽样；"历时检索"部分的语料来自 1945—2015 年的《人民日报》。
英汉双语历时复合语料库	王克非秦洪武	约 1 亿字词	1910 年至今	以约 30 年为单位，将 20 世纪分为 3 个阶段，重点采集各阶段某 10 年的原创汉语、原创英语、翻译汉语语料，体裁涉及文学和非文学；样本结构参照 Brown 语料库，样本大小参照挪威语/英语平行语料库，大多数样本为 15,000 英语词和对应的 25,000 汉字，汉语译文取样最多不超过 30,000 字，一般从正文起始部分开始连续选取。

（待续）

（续表）

库名	建库负责人	库容	时间跨度	选材/抽样方法
1920—2020 百年汉语历时语料库	秦洪武	3,372,885 字	1920—2020	自 1920 年起，每隔 5 年、共设置 21 个时间点收集语料，每一节点收集约 16 万字；参照 Brown 语料库抽样框架，涵盖媒体、小说、通用和学术四大体裁，各时间节点上各体裁的语料比例一致。
现代汉语历时语料库	许家金、李佳蕾	10,138,846 字	1900—2012	选取现代汉语的 5 个时段，包括前发展期（1900—1911 年）、初步形成期（1919—1930 年）、变革期（1931—1949 年）、走向成熟期（1950—1966 年）、新发展期（1978—2012 年），前 4 个时期内文学和非文学文本分别占 40% 和 60% 左右，新发展期两者比例为各 50% 左右。
汉英历时语料库	邓云华	汉语部分约 2,500 万字，英语部分约 1,600 万词	汉语语料从公元 3 世纪前至今（逾 2,000 年），英语语料从公元 450 年至今	英汉语均划分出上古、中古、近代、现代、当代 5 个时段，除上古和中古英语外的其他时段的语料规模都在 500 万字/词左右；所收语料以文学作品为主，体裁包括小说、诗歌、戏（杂）剧、传记、散文等。

　　较早用于历时研究的汉语语料库有北京大学 CCL 语料库。该库包含古代汉语、现代汉语、汉英对齐双语 3 个子库，古代汉语部分收录从周朝到民国初年约 3,000 年的历史语料，按朝代进行分期，体裁涉及经、史、诗、词、曲、诸子百家等；现代汉语部分则收录 1949 年之前的"现代"语料与 1949 年至今的"当代"语料，涵盖文学、口语、网络语料、应用文、学术文献等十余种体裁（詹卫东等 2019）。但是，CCL 也存在明显的不足：（1）分期比较笼统，各时段的时间跨度与语料数量不一；（2）未考虑在体裁、方言及社会变量等方面均衡抽样；（3）未做分词和词性标注。与之类似，北京语言大学 BCC 语料库也同时收录古汉语与现代汉语语料，涉及多种体裁，但似乎未做明确的分期，也未考虑时段和体裁等方面的抽样平衡性（荀恩东等 2016）。正如秦洪武、王克非（2014：6）指出，当前的汉语历时语料库多包含未经抽样的完整版本，没有实现真正意义上的平衡性。

如表 2 所示，近年来逐渐出现一些抽样更合理、代表性更强的汉语历时语料库。秦洪武等（2022）基于 Brown 语料库的抽样框架与兰卡斯特汉语语料库（LCMC）的体裁分类，在 1920—2020 年，每隔 5 年设置一个抽样时间点，每一时间点收集约 16 万汉字，创建了库容约 337 万字、取样均衡的现代汉语百年历时语料库。为考察近百年来汉语书面语的语域演变，许家金、李佳蕾（2022）选取了 5 个时段的文学和非文学语料，建成容量达 1,000 多万字的现代汉语百年历时语料库 [2]。该库的特色之一是收录了公认的现代汉语发展起点之前的历史语料，用以探索现代汉语新语域形成的酝酿过程。邓云华等（2023）则研制了横跨两千余年的汉英历时语料库，根据出版年份收录文学作品语料，把汉英语料都分为上古、中古、近代、现代、当代 5 个历史时期，汉语部分各时期的语料均在 500 万字左右。

翻译汉语作为汉语变体之一，对现代汉语的历时发展有重要影响。然而，上述汉语历时语料库无法用于考察翻译汉语的历时演变，也无法用以探知英语原文、汉语译文与汉语原文之间变化的互动关系。有鉴于此，王克非和秦洪武主持建设了英汉百年历时复合语料库，该库具有语料平衡、库容巨大、历时复合等特色，其中"复合"即平行语料、类比语料、参照语料三结合，三者之间形成全方位的比较研究，以便对翻译汉语演变进行更充分的描写和分析（王克非、秦洪武 2012）[3]。

综上可见，汉语历时语料库的研制尚未充分考虑前述的 4 个标准，选材及抽样方面的平衡性与代表性有待提升。与英语历时语料库相比，表 2 中的"现代汉语历时语料库""1920—2020 百年汉语历时语料库"等抽样相对均衡的汉语历时语料库规模较小，且往往截取若干时间点或时间段抽样，没有实现真正意义上的连续取样。

3　HCMC 的研制

作为国内为数不多的亿字级现代汉语百年历时语料库，HCMC 参考 COHA 的取样方案，力求在时段和语域上按相同比例连续抽样，以提升语料的平衡性和代表性，使其能够相对真实地反映现代汉语过去百年间的发展面貌。

HCMC 收录 1920—2019 年中国的历史语料，以 10 年为单位划分时段，每个 10 年段均收录约 1,000 万字的语料，共计约 1 亿字。在语域/体裁方面，我们最初拟沿袭 COHA 收集其既定的 4 种语域的语料，即小说、通俗杂志、新闻、非小说图书。然而，收集过程中发现汉语杂志语料过于杂糅，常包含小说、散文、新闻、广告、演讲等多种体裁，且总体数量不足，故最终舍弃该语域。王克非、秦洪武（2012：825−826）指出，语料抽取时样本大小及各类样本所占比例并没有公认的细则，但一般要将文学和非文学文本区分开，在设计阶段就要确定两类文本的比例；抽样时要尽量保留话语单位的相对完整性，可从某章或某节的开始或结束处截取。因此，我们根据语料收集的难易程度，确定各语域的语料比例为：新闻 50%，小说 30%，非小说 20%，每个 10 年段内语料的语域分布基本保持上述比例。HCMC 分时段和分语域的组成结构如表 3 所示。

表 3　HCMC 的构成

时段	新闻	小说	非小说	总计（字）
1920—1929	4,998,297	3,002,668	1,999,343	10,000,308
1930—1939	5,007,830	2,994,394	2,011,261	10,013,485
1940—1949	4,981,040	3,000,585	1,964,629	9,946,254
1950—1959	4,992,858	3,017,627	1,996,732	10,007,217
1960—1969	4,994,096	3,009,247	1,972,772	9,976,115
1970—1979	5,030,841	2,984,706	1,998,109	10,013,656
1980—1989	4,984,233	3,021,517	2,014,513	10,020,263
1990—1999	5,013,710	3,012,525	2,029,952	10,056,187
2000—2009	5,020,718	3,006,064	2,001,565	10,028,347
2010—2019	4,994,434	2,962,842	2,038,702	9,995,978
总计（字）	50,018,057	30,012,175	20,027,578	100,057,810

在语料来源上，20 世纪二三十年代的新闻语料取自《民国日报》《大公报》和《申报》，20 世纪 40 年代及其后取自《人民日报》，具体体裁包括报道、社论及评论。小说语料取自现当代文学名家的小说，选材时参考了"新中国 70 年 70 部长篇小说典藏"丛书书目和鲁迅文学奖、茅盾文学奖等历届获奖小说书目，基本上是普通生活类小说，极少选取武侠、科幻和玄幻类作品。非小说语料主要包括学术专著和论文集、科普、科技、风俗类作品。新闻文本按其发布时间确定时段归属，小说和非小说图书文本则依据其初版年份或完稿年份。此外，所选取文本作者的地域出身和社会文化背景尽可能多元化，比如地域分布上兼顾来自南方和北方的作者，但不收录港澳台和国外华裔作者产出的汉语文本。

我们预先按比例分配每个 10 年段中各语域语料的字数，即新闻 500 万字，小说 300 万字，非小说 200 万字，并计算应该从每个文本中收集语料的平均字数 X，即某 10 年段中某语域语料的预定字数/该 10 年段中该语域实际收集到的文本数量。若某文本的字数不足 X，则全文收录。为保证话语单位的相对完整性，每个文本的取样从头开始，字数达 X 上下且至完整段落结束。原始语料收集完毕后，我们对其进行清洗，去除空格、换行、制表符及其他无关字符，并标注语域、年份、文本作者等元信息。上述语料抽样与整理均借助 Python 编写程序实现。随后，我们采用 Python 的中文语言处理工具包 Hanlp2.1.0b52 对 HCMC 进行分词和词性标注。分词后，HCMC 词数为 63,159,133 词。所用的 PKU 词性标注集依据俞士汶等（2002）的《北京大学现代汉语语料库基本加工规范》设计，该规范根据词在实际使用中的语法功能/分布特征确定其词性，并以"名动词（vn）"标签来标示动词在具体语境中实现名词的功能，比较符合汉语语言使用事实。

相比于已有的汉语历时语料库，HCMC 有以下特色：（1）语料规模大，库容达 1 亿字；（2）取样在时段和语域上基本均衡，语料平衡性与代表性较好；（3）提供词性标注以及文本作者等元信息。Davidse & De Smet（2020：212）指出，历时语料库通常被用于语言演变研究，而一般认为，语言演变源自语言变异，也会导致语言变异，两者密不可分。因此，HCMC 可广泛用于汉语词汇、句法、话语语用特征等的变异与演变研究，也可与 COHA 等英语历时语料库搭配使用，开展语言变异与演变的汉英对比研究。

4　结语

本文介绍了当前英汉语历时语料库的现状以及现代汉语历时语料库 HCMC 的研制背景、建设过程及主要特点。近二三十年来，国外英语历时语料库的建设渐趋成熟，成果丰硕，由此推动了英语词汇、短语、语法、话语、语用、认知历时研究的全面发展（许家金 2020）。相形之下，国内汉语历时语料库的研制尚处于探索阶段，需要充分挖掘汉语历时三千多年的丰富语言库藏，借鉴国外的相关建库经验，创建更多规模巨大、抽样合理、代表性强的汉语历时语料库，从而促进我国历时语料库研究的长足发展。

浙江大学外国语学院有语料库建设的传统，已故的肖忠华教授创建了兰卡斯特汉语语料库（LCMC）以及浙江大学汉语译文语料库（ZCTC）。如今，HCMC 的研制既是对 LCMC 和 ZCTC 创建工作的传承和延续，也是对曾执教于浙江大学的中国语料库研究先驱——肖忠华教授的缅怀与致敬。

注释

1　表中多数语料库的全称与详细信息可在 https://varieng.helsinki.fi/CoRD/corpora/index.html 与 https://www.english-corpora.org/ 上查找，本文限于篇幅不逐一介绍。

2　该库是在秦洪武所建语料库的基础上扩充语料建成的。

3　该库的更多信息可参看 http://www.nopss.gov.cn/n1/2016/0919/c373410-28724110.html。

参考文献

DAVIDSE K, DE SMET H. Diachronic corpora [C]//PAQUOT M, GRIES S TH. A practical handbook of corpus linguistics. Berlin & New York: Springer, 2020: 211-233.

DAVIES M. Expanding horizons in historical linguistics with the 400-million word Corpus of Historical American English [J]. Corpora, 2012, 7(2): 121-157.

FRANCIS W N, KUČERA H. Brown Corpus [DB/OL]. Providence: Department of Linguistics, Brown University, 1964.

MCENERY T, HARDIE A. Corpus linguistics: method, theory and practice [M]. Cambridge: Cambridge University Press, 2012.

RISSANEN M, KYTÖ M, PALANDER-COLLIN M. Early English in the computer age: explorations through the Helsinki Corpus [C]. Berlin: Mouton de Gruyter, 1993.

邓云华, 成刘祎, 许群爱. 汉英心理形宾构式语义语用倾向性的历时考察[J]. 外语教学与研究, 2023, （2）: 176-188.

秦洪武, 王克非. 历史语料库: 类型、研制与应用[J]. 外语与外语教学, 2014, （4）: 1-7.

秦洪武, 周霞, 孔蕾. 现代汉语历时变化特征研究: 结构复杂度[J]. 外语与外语教学, 2022, （4）: 87-98.

王克非, 秦洪武. 英汉翻译与汉语原创历时语料库的研制[J]. 外语教学与研究, 2012, （6）: 822-834.

许家金. 美国语料库语言学百年[J]. 外语研究, 2019, （4）: 1-6.

许家金. 基于语料库的历时语言研究述评[J]. 外语教学与研究, 2020, （2）: 200-212.

许家金, 李佳蕾. 近百年汉语书面语的语域演变研究[J]. 外语与外语教学, 2022, （4）: 76-86.

荀恩东, 饶高琦, 肖晓悦, 等. 大数据背景下 BCC 语料库的研制[J]. 语料库语言学, 2016, （1）: 93-109.

俞士汶, 段慧明, 朱学锋, 等. 北京大学现代汉语语料库基本加工规范[J]. 中文信息学报, 2002, （5-6）: 49-64, 58-64.

詹卫东, 郭锐, 常宝宝, 等. 北京大学 CCL 语料库的研制[J]. 语料库语言学, 2019, （1）: 71-86.

通信地址： 310058　浙江省杭州市　浙江大学外国语学院（邵斌、陈泽南）

310018　浙江省杭州市　浙江财经大学外国语学院（宋捷）

词向量在语言学研究中的应用 [*]

［德国］图宾根大学　杨　艺

提要:词向量是计算语言学领域的重要方法,在神经网络学习的发展中扮演着重要角色。本文介绍了词向量的理论背景和基本原理,总结了词向量在语言学前沿研究中的应用,及其与其他方法结合的潜力,并讨论了这一方法的优势及不足,旨在加强国内语言学界对词向量应用的研究兴趣,以进一步推动这一领域的发展,为语言学研究带来新的视角和方法。

关键词:词向量、余弦相似度、降维、分布语义学、位移向量

1 引言

词向量（word vectors）,又称词嵌入（word embeddings）,是一种将词的语义句法特征映射到语义空间的向量。通过构建语义向量空间,我们能够在同一个空间中比较不同语言单位的语义相似度（Levshina 2015;吴淑琼、江艳艳 2023）。

近年来,词向量开始应用于定量语言学研究,已经成为语料库和实验以外的另一重要数据来源（刘海涛 2021）。词向量研究主要集中在形态学与语义学等领域,视角新颖,效率高,研究面广,已取得显著的研究成果（Baayen *et al.* 2022）。其中包括一些跨学科研究（如 Heitmeier *et al.* 2023）和结合词向量与语料库或实验数据的研究（如 Denistia *et al.* 2022;Shen & Baayen 2022a;Hilpert *et al.* 2023）。

尽管词向量在国际语言学研究中取得了大量成果,但国内语言学界对此关注较少,对其技术原理及应用范围的认知尚不充分。本文拟介绍词向量的理论背景和基本原理,展示其在语言学研究中的具体应用,探讨该方法的优势和不足,以期激发国内语言学界对词向量的研究兴趣,为定量语言学研究带来新的视角和方法。

2 词向量的基本原理

2.1 理论背景

词向量的基本原理源于分布假说（Harris 1954;Firth 1957;Jurafsky & Martin 2023）。该理论认为出现在相似语境中的词,其语义具有相似性。这一假说有两个方

---

* 本文得到欧洲研究委员会高级项目（SUBLIMINAL-101054902）的资助。

面：（1）语义相近的词往往出现在相似的语境中；（2）出现在相似语境中的词往往具有相似的语义。换言之，词语语义可以通过上下文共现关系来体现。分布假说广泛运用于计算语言学（如文本分类、情感分析）、语料库语言学（语义韵研究）和基于语料库细粒度标注的认知语言学（行为特征分析）研究。

分布假说是上下文窗口设定的理论基础，解释了模型如何学习语境信息并将词汇语义映射到语义向量空间。词向量由语料库数据训练而成，训练时需要明确定义上下文范围。例如，在仅考虑局部上下文的模型中，需先确定目标词语的上下文窗口，计算词语的共现关系。窗口大小通常在 2—20 之间（左右各 1—10 个词），不同词向量模型所选择的窗口大小有所差别，动态模型也可根据实际用途来设置窗口大小。

2.2 词向量模型

早期的词向量模型基于共现频次，每个词向量的总维度等于词汇总数，生成的矩阵十分稀疏，容易带来"维度灾难"（陆晓蕾、王凡柯 2020）。随着深度学习技术的发展，基于神经网络的词向量模型将语境中的语义句法信息嵌入到较低维的向量中，有效避免了数据稀疏的弊端，易与降维方法结合，以计算或呈现词之间的相似度。

目前词向量主要分为两种：静态词嵌入（static word embeddings）和动态（基于上下文的）词嵌入（dynamic/contextualized word embeddings）。前者运用分布语义学思想，对语料库进行训练后，将词的不同用法压缩成一个单独的向量，主要有 Word2Vec（Mikolov *et al.* 2013）、GloVe（Pennington *et al.* 2014）、FastText（Bojanowski *et al.* 2017）。其中，FastText 和腾讯人工智能实验室词向量均有较为完备的中文词向量数据库。后者基于上下文，为单个词生成多个向量，一个词的不同向量由该词所在的上下文决定，主要有 ELMo（Peters *et al.* 2018）、BERT（Devlin *et al.* 2018）、GPT（Radford 2018；Radford *et al.* 2019）。更多背景信息，可参考车万翔等（2021）和 Jurafsky & Martin（2023）。

2.3 语义相似度

用词向量来表示语义，虽然被形象地比作"黑箱操作"，但借助合适的可视化方法，可以更加直观地展现真实语言使用趋势。词向量本身为多维数值型向量，无法直接比较语义相似度，需借助数学统计方法来计算向量间的相似度。

常见的向量相似度计算方法有余弦相似度、欧氏距离、曼哈顿距离、相关系数、Jaccard 相似度等。其中，余弦相似度为最常用的语义相似度计算方法。该方法通过计算出两个向量之间的夹角来反映词语的语义相似度，计算方法为 $\cos\theta = \frac{v \cdot w}{||v|| \cdot ||w||}$，即两个向量的点积除以两个向量长度之积。余弦值越接近 1，表示语义越相似

（Strang 2016：16；Jurafsky & Martin 2023：112 – 113）。

相似度计算方法能够量化大量词语之间的相互语义关系，高效便捷地构建词语之间的语义网络，是词向量能够拓展到语言学研究中的重要基础。

2.4　降维技术

另一种体现语义关系的方法是降维。尽管不同词向量模型可以设置不同的维度，但整体而言，这些词向量都是高维数据，语义表征并不直观。降维方法可以将高维的词向量投射到二维平面或三维空间。常见的降维技术包括主成分分析、t-SNE、线性判别分析、多维尺度分析、UMAP 等。思路与基于语料库研究中的降维方法类似，不同点是变量数为向量维数，且所有变量均为数值型，可根据具体的研究目的选择合适的降维方法。

主成分分析通过线性变换将高维向量投射到新的坐标系中，以找出数据中的主要成分，观察出语言使用的集中趋势。T-SNE 和 UMAP 更擅长捕捉样本之间的相似性关系，往往能实现清晰的聚类，比其他降维算法更擅长发现聚类，但是不同聚类之间的距离相对不太可靠。线性判别分析使组间方差最大化、组内方差最小化，因此适用于在人工标注类别后运用该算法对词向量进行机器判别，得到混淆矩阵。多维尺度分析是一种基于距离矩阵的降维方法，能够相对真实地反映数据点之间的距离，但是聚类能力不强。

3　词向量与语言学研究

近年来，词向量在多种语言学研究中得到了广泛应用。本节拟讨论词向量在语言学中的应用，尤其是形态学和词汇语义学等领域的最新发展。

3.1　形态学

印欧语词语具有丰富的形态变化，包括屈折（如时态、性、数、格）、派生（如词缀）、构词（如复合词）等多个方面。汉语虽然没有印欧语如此丰富的词语曲折派生变化，但也存在复杂的构词系统。本节将探讨词向量在不同语言屈折、派生和构词方面的应用场景。词向量的引入能够更好地捕捉词汇形态变化，为上述话题提供新的研究范式。

词汇的屈折形式可以用位移向量（shift vector）来表示，这里的位移向量可被解释为一种词汇形式与另一种词汇形式在语义空间上的位移。对一组词的位移向量取平均值，即可计算出平均位移向量（average shift vector）。

这一方法已经用于研究名词的形态变化，如数与格。在语义空间中，单数名词和复数名词的位置通常比较靠近。Kisselew *et al.*（2015）提出名词单复数向量的关系可表示为 $V_{复数} = V_{单数} + V_{平均位移}$，即复数名词的向量等于单数名词的向量与平均位移向量之和。在研究英语名词的数时，Shafaei-Bajestan *et al.*（2022）发现上述方法仍存在一定缺陷，无法通过单数名词向量和平均位移相加得到复数名词的向量，为此引入了 411 个语义类别（semantic class），使用 WordNet[1] 提取名词语义，获取 FastText 向量，计算每个语义类别中所有单数名词和位移向量，并计算出每个语义类别的平均位移向量。这一模型可以表示为 $V_{复数} = V_{单数} + V_{平均位移｜语义类别} +$ 误差。例如，表示人的名词，平均位移向量为 $V_{平均位移｜人}$，表示动物的名词为 $V_{平均位移｜动物}$。在加入语义类别后，模型的预测准确度得到了明显提升。运用 t-SNE 对位移向量进行降维可视化后，可以发现部分清晰的语义类别。这说明英语名词在变为复数形式时，名词的语义类型是一个重要影响因素。

针对屈折形式更为复杂的芬兰语，Nikolaev *et al.*（2022）将 Shafaei-Bajestan *et al.*（2022）提出的模型进一步优化，考虑了名词的数、格、所有格词缀、短语素等因素，并考虑上述因素之间的互动。最终得到的最佳模型为 $V_{名词} = V_{词干} + V_{平均位移｜数} + V_{平均位移｜格} + V_{平均位移｜所有格} + V_{平均位移｜短语素} + V_{平均位移｜数*格*所有格*短语素} +$ 误差，说明芬兰语中名词的语义受上述因素的共同制约。

上述方法通过提取特定词类的词向量，结合对各种屈折形式的人工标注，在一定程度上解释了词汇不规则变化在何种条件下受哪些因素的影响，能够为语言教学和学习带来新的宏观视角。虽然汉语中少有屈折变化，但是利用位移向量和平均位移向量来研究词汇关系，对研究汉语叠词等语言现象有着重要启发。

词向量也可用于研究派生现象，尤其是结合向量相似性算法。Denistia *et al.*（2022）构建印尼语语料库的语义向量空间，运用 Word2Vec 模型提取多维向量，结合多种统计方法，分析了含有 PE-和 PEN-前缀的词在语义上的差异。通过计算余弦相似度，该研究发现与仅包含 PE-词或仅包含 PEN-词的词对相比，由带有 PE-的词和带有 PEN-的词组成的词对的余弦相似度更低，结果支持了 PE-和 PEN-是不同前缀而非同形异体的假设。此外，PE-和 PEN-的名词在与其词干的相似度上也存在差异，表明它们在语义上有具体差别。该方法可以用于汉语中的方位词和词缀研究。

词向量还可用于构词相关的研究，如复合词，这类研究常结合向量相似性算法，可对认知语言学研究起到一定的补充作用。对于德语的可分动词，词向量也是一种高效的研究方法。Stupak & Baayen（2022）利用词向量和皮尔逊相关分析来计算可分动词中小品词的语义透明度。例如，auf（上）与 aufsteigen（上车）的语义相关系数表示为 cor（V_{auf}, $V_{aufsteigen}$），auf（上）与 aufhören（停止）的语义相关系数可以表示为 cor（V_{auf}, $V_{aufhören}$）。如果将所有带有 auf 的可分动词的相关系数相加并求均值，则得到了 auf 这一个类别的平均相关系数。此外，该研究还将平均相关系数与形符、类符、能产度等变量放到同一模型中，发现小品词的平均相关系数越高，类符数越低。该方法可用于汉语中的构式研究，如一量名构式中量词和名词短语的语义相关性。

词向量为汉语构词方面的研究提供了全新的视角，通过观察不同部分的语义关系，可以找到汉语构词的认知基础。Shen & Baayen（2022a）利用腾讯词向量研究了"形容词 + 名词"复合词，发现形容词与名词、形容词、复合词之间的语义相似度会影响形容词的能产度。例如"老师"和"老头"中的"老"，在语义上有明显差异。利用词向量可以计算出"老"与每个"老 + 名词"之间的语义相似度，再与其他形容词的组内语义相似度进行比较（如"大头"和"大师"），得到每个形容词在形名复合词中的语义透明程度。这一方法对传统构词和语义研究起到了一定的补充作用。

此外，Shen & Baayen（2022b）还用上述方法研究了汉语中的复合词和后缀。虽然汉语是一种更倾向于复合构词的语言，但是依然存在像"子、师、者、家"等名词后缀。该研究利用词向量计算单个字在复合词中的语义透明度，发现不同汉字的复合或词缀化程度不同。这些发现为理解汉语构词法与词语语义提供了有益见解，揭示了形态和语义之间的复杂关系。

3.2 词汇语义学

近年来，词向量在认知语义学研究中逐渐崭露头角（Levshina 2015；Hilpert & Saavedra 2020；吴淑琼、江艳艳 2023），常用于考察近义和多义现象。

词向量能够捕捉词语与其缩略词之间细微的语义差别（Hilpert *et al.* 2023）。该研究采用基于形符的语义向量空间模型，从当代美国英语语料库（COCA）中提取出 50 对英语缩写词（如 intro）和原词（如 introduction）的例句，运用点互信息（pointwise mutual information）算法将共现词表转化为语义关联，并使用多维尺度分析对每个例句中的词语语义进行可视化。研究发现，很多缩写词和原词之间具有明显的语义差别，表明在选择语言使用形式时，言者采取了差异化策略。这一方法也可拓展至汉语缩略语研究，以及单音节词与多音节近义词之间的语义关系研究。

动态词向量可用于研究一词多义现象。例如，针对用法复杂的情态动词，Hilpert & Flach（2021）训练了一个基于形符的语义向量空间模型，用来区分情态动词，以及辨析单个情态动词的多个义项。对研究目标所在的上下文进行向量化后，可结合聚类方法对语义进行聚类，判断词语的语义数量，以及不同语义之间的关系。

动态词向量在语言学研究中的应用，能够对基于语料库的构式语法研究起到一定的补充作用。施建军、周瓴（2023）运用 BERT-wwm 词向量模型，对"N 的 V"结构中 V 的词性进行了探索性研究，发现该结构中的 V 和同形式的谓语动词 V 具有较高的语义相似性，可以认为是动词性的。

此外，词向量方法还可以用于同形式跨语言词汇对比。施建军等（2023）用 BERT 模型对 10 组汉日同形词进行了多义研究，得出各义项的使用情况。为了验证词向量方法的准确度，该研究还分别抽样 1,000 例进行人工标注，发现义项分类准确率均高于 80%，平均达到 90%。该方法进一步拓展了定量研究范围，为不同方言比较研究和不同书写形式比较（如简体中文和繁体中文）提供可借鉴的思路。

3.3　语音学

词向量所表征的语义可用于语音学研究。以往语音学研究多关注声学特性，如音频波形、频谱、音调、音强等，但语言生成过程中所传递的语音信息与课本上提供的发音方法存在较大差别，受性别、年龄、地域、受教育程度、语速、语义等多个维度的影响。Chuang *et al.*（2024）运用台湾大学开发的 GPT2 繁体中文词向量模型 CKIP，考察了语义对汉语双音节词声调的影响，发现双音节词声调相同时，语义是影响音高的最主要因素。此外，结合 Baayen *et al.*（2019）所提出的 Linear Discriminant Learning 方法，来研究形式基频和词向量之间的关系，发现音高轮廓能够从一定程度上预测同声调词语类型和多义词语义。该方法创造性地将语音研究中的基频等变量与词向量相结合，实现了形式与语义的有机结合。

3.4　对比语言学

尽管不同语言的词向量来自不同的语义空间，对词向量进行处理后，也可以用于比较不同语言中相似的语言现象。通过提取英汉语 21 个可比语义范畴的词语及对应词汇的 FastText 词向量，Yang & Baayen（2024）运用多种降维方法对英汉语之间语义范畴进行了系统性对比。该研究运用线性判别分析、支持向量机、随机森林等分类器，根据词向量预测英汉语中词汇所属的首要语义类别，所有模型预测准确度均超过 75%，说明词向量在英汉语中均能较为准确地反映出词汇的语义信息。该研究发现，英汉语名词与动词、形容词均存在显著差别，抽象名词和具体名词之间存在显著差别。在 21 个范畴中，表示人的名词和拟声词差别最大。该研究通过词向量与可视化方式，展现了语义范畴边界的模糊性，体现了不同语义范畴在语义空间中的相互关系，从一定方式上反映出英汉两种语言在词汇使用和认知方式的差异。

上述研究共同证实了语义向量空间模型的创新性，能够以定量方式分析多种语言现象。这些模型由大规模语料库训练而成，可同时研究大量词汇短语，在语言分析中表现出灵敏性和高效性。预训练语料库可用于直接计算词汇的核心用法，可高效便捷地分析词语之间的语义关系。基于上下文的词向量,其本质为大规模已标注例句,可为前人基于自省的语言学假设提供进一步的验证性分析。因此,这一方法能够助益语言本体研究,为理论语言学注入新的活力,一定程度上拓展研究的广度和深度,使语言学研究迈入了大数据时代。

4 讨论与展望

4.1 词向量的局限性

首先,词向量预训练模型对于多义词的处理能力仍然有限。静态词向量 FastText 和腾讯数据集均以类符为单位训练而成。这些算法将所有语义压缩到了一个中心向量上,无法直接区分一词多义、同音异义和(带有词间空格的)词组(Desagulier 2019:232–233)。以英语名词 bank 为例,它本身有"河岸"和"银行"两个意思,两者的语境存在明显差别。如果想用两组向量来表示 bank,则需要人为参与监督学习或进一步引入聚类方法。如果直接用一个向量表示上述两种用法,则将两种截然不同的语义压缩成一个向量。

同样,是否将"kick the bucket"这样的俗语整体处理为单一向量,也是词向量预训练模型中的潜在问题。目前,FastText 和腾讯词向量对中文未登录词的处理效果较好,但其他预训练模型仍存在一定问题。例如,英语预训练模型多以词为单位,对短语或构式研究助益不大。

目前的汉语预训练词向量均提供字、词、短语等不同语言单位的向量,从一定程度上避免了英语中多词俗语和成语没有独立向量的问题。但是,汉语中的一词多义现象比英语更加复杂,尤其是汉语中单音节词的一形多义,如汉语中的动词"把"与量词"把"、动词"干"与形容词"干"。

基于上下文的动态词向量模型,可以从一定程度上弥补上述缺陷。但这一方法需要具有强大计算能力的硬件设施、一定的编程基础和深度学习领域的背景知识,对普通语言学研究者来说技术门槛较高。因此,跨学科合作是一种更为有效的方法。在其他学科研究者训练的大语言模型的基础上,根据研究目的对模型进行微调,也能从一定程度上助力语言学研究。

4.2 词向量与其他定量方法

此外,单独进行基于词向量的语言学研究,其适用性存在一定的限制,较难进行深入讨论。神经网络编程学习和词嵌入技术如同一个"黑盒子",计算出的结果为数值型向量,无法直接解释语言现象的复杂性,需要结合语言学理论进行讨论,或结合统计方法进行多种定量分析。

因此，如果运用预训练词向量或动态词向量，同时结合理论语言学与语料库数据或实验数据，对语言学假设进行交叉验证，能够得出更有说服力的结论。Shen & Baayen（2022a）和 Denistia *et al.*（2022）中均含有多种类型的数据。通过计算形容词、名词、形名复合词之间的相似度，Shen & Baayen（2022a，2022b）把一个词语中不同部分的相似度作为变量加入原本的语料库研究中，成为类符、形符、能产度等参数以外的重要视角。

词向量方法是语料库语言学和计算语言学之间的交叉研究，有效拓展了语料库语言学的研究视野。Denistia *et al.*（2022）一文中加入了心理语言学实验，通过比对词向量的余弦相似度和被试评分的相似度，交叉验证了印尼语中 PE-和 PEN-应被归为两个不同的前缀。Chuang *et al.*（2024）结合了语音学实验，将语音学变量与词向量加入同一研究中，更加有力地解释了词语声调与语境之间的关系。此类研究均实现了 Gries *et al.*（2005，2010）中运用不同数据来源的定量研究进行交叉验证的愿景。

此外，基于词向量的方法与行为特征分析法存在密不可分的关系。Gries 与 Divjak 提出的行为特征分析法（Gries & Divjak 2009），在过去 15 年的语言学研究中得到了广泛运用。这一方法也源自分布语义学，通过对上下文的行为特征（形式语义特征）进行细粒度标注，再结合有监督机器学习方法进行多因素分析（许家金 2020），研究过程清晰，解释性强。其缺点是这一方法过度依赖人工标注，模型受标注者的主观影响，标注过程耗时较长且效率不高（施建军等 2023），且单个研究可考察的语料样本相当有限，大多使用抽样方法减少工作量。词向量的出现，从一定程度上避免了细粒度标注主观性强和效率不高的问题，能够快速准确地捕捉大量词语的共现信息，并在同一个语义空间中进行语义比较。因此，其研究对象不一定是少数词或构式，而可以拓展到具有某些特征的成千上万个字、词、短语、构式，体现了大数据和大语言模型的高效率。但同时也应该注意到，词向量并非行为特征分析法的替代性方法，两者各有利弊，互为补充，相互验证。

4.3 研究展望

目前仍有很多语言学领域可以结合词向量方法。首先，可以运用静态词向量开展汉语的构字、构词研究，通过计算位移向量或余弦相似度来研究词语组成的原理，如三字词、四字词、重叠式。其次，词向量与认知语义学的结合仍存在很大的发展空间，如范畴与原型理论、隐喻和转喻等。最后，词语之间的语义相似度本身可以成为一个预测变量，为心理语言学、语料库语言学等其他语言学领域的定量研究提供新数据、新思路。随着技术的发展和语言学研究的不断创新，尤其是动态词向量模型的出现，这一方法也可能进一步用在词汇语义学、句法、语篇、语音学、语用学、历时语言学、社会语言学研究中。

5 结语

本文深入探讨了词向量的核心原理，包括分布假说、各类词向量模型的原理，介绍了关键的预训练数据库，尤其是包含中文词向量的数据库，并详细展示了语义相似度的计算思想和步骤。文章总结了词向量在形态学和词汇语义学领域所取得的最新研究进展，对其局限性、与其他定量方法的关系作了深入讨论，并对未来的研究方向进行了展望。

作为语言模型，词向量被认为是语言学研究的有益方法和有效数据来源。需要强调的是，词向量并非取代现有研究方法，而是与之相辅相成。基于词向量的理论语言学研究，可通过与语料库数据和实验数据相互验证，形成更具有说服力的结论。目前，我国语言学领域在这一方向上仍然有着巨大的发展潜力，未来有望在多个语言学分支研究中取得更为深远的进展。

注释

1　网址：https://wordnet.princeton.edu/。

参考文献

BAAYEN H, CHUANG Y, SHAFAEI-BAJESTAN E, et al. The discriminative lexicon: a unified computational model for the lexicon and lexical processing in comprehension and production grounded not in (de) composition but in linear discriminative learning [J]. Complexity, 2019, (1): 4895891.

BAAYEN H, DUNSTAN B, CHUANG Y. Explorations of morphological structure in distributional space [J]. The Mental Lexicon, 2022, 17(3): 326-336.

BOJANOWSKI P, GRAVE E, JOULIN A, et al. Enriching word vectors with subword information [J]. Transactions of the Association for Computational Linguistics, 2017, 207(5): 135-146.

CHUANG Y, BELL M, TSENG Y, et al. Word-specific tonal realizations in Mandarin [J]. arXiv, abs/2405.07006, 2024.

DENISTIA K, SHAFAEI-BAJESTAN E, BAAYEN H. Exploring semantic differences between the Indonesian prefixes *PE-* and *PEN-* using a vector space model [J]. Corpus Linguistics and Linguistic Theory, 2022, 18(3): 573-598.

DESAGULIER G. Can word vectors help corpus linguists? [J]. Studia Neophilologica, 2019, 91(2): 219-240.

DEVLIN J, CHANG M, LEE K, et al. Bert: pre-training of deep bidirectional transformers for language understanding [C]//Burstein J, Doran C, Solorio T. Proceedings of the 2019 Conference of the North American Chapter of the Association for Computational Linguistics: Human Language Technologies. Minneapolis, Minnesota: Association for Computational Linguistics, 2018: 4171-4186.

FIRTH J. A synopsis of linguistic theory, 1930-1955 [C]//FIRTH J. Studies in linguistic analysis. Oxford: Blackwell, 1957: 1-32.

GRIES S, HAMPE B, SCHÖNEFELD D. Converging evidence: bringing together experimental and corpus data on the association of verbs and constructions [J]. Cognitive Linguistics, 2005, 16(4): 635-676.

GRIES S, HAMPE B, SCHÖNEFELD D. Converging evidence II: more on the association of verbs and constructions [C]//RICE S, NEWMAN J. Empirical and experimental methods in cognitive/functional research. Stanford: CSLI Publications, 2010: 59-72.

GRIES S, DIVJAK D. Behavioral profiles: a corpus-based approach to cognitive semantic analysis [C]//EVANS V, POURCEL S. New directions in cognitive linguistics. Amsterdam/Philadelphia: John Benjamins, 2009: 57-75.

HARRIS Z. Distributional structure [J]. Word, 1954, 10(2-3): 146-162.

HEITMEIER M, CHUANG Y, BAAYEN H. How trial-to-trial learning shapes mappings in the mental lexicon: modelling lexical decision with linear discriminative learning [J]. Cognitive Psychology, 2023, 146: 101598.

HILPERT M, SAAVEDRA D. Using token-based semantic vector spaces for corpus-linguistic analyses: from practical applications to tests of theoretical claims [J]. Corpus Linguistics and Linguistic Theory, 2020, 16(2): 393-424.

HILPERT M, SAAVEDRA D, JENNIFER R. Meaning differences between English clippings and their source words: a corpus-based study [J]. ICAME Journal, 2023, 47(1): 19-37.

HILPERT M, Flach S. Disentangling modal meanings with distributional semantics [J]. Digital Scholarship in the Humanities, 2021, 36(2): 307-321.

JURAFSKY D, MARTIN J H. Speech and language processing [CP/OL]. 2023. https://web.stanford.edu/~jurafsky/slp3/.

KISSELEW M, PADÓ S, PALMER A, et al. Obtaining a better understanding of distributional models of German derivational morphology [C]//Purver M, Sadrzadeh M, Stone M. Proceedings of the 11th International Conference on Computational Semantics. London: Association for Computational Linguistics, 2015: 58-63.

LEVSHINA N. How to do linguistics with R: data exploration and statistical analysis [M]. Amsterdam & Philadelphia: John Benjamins, 2015.

MIKOLOV T, SUTSKEVER I, CHEN K, et al. Distributed representations of words and phrases and their compositionality [C]//Burges C, Bottou L, Welling M, et al.

Advances in Neural Information Processing Systems. Lake Tahoe, Nevada: Curran Associates, Inc, 2013: 26.

NIKOLAEV A, CHUANG Y, BAAYEN H. A generating model for Finnish nominal inflection using distributional semantics [J]. The Mental Lexicon, 2022, 17(3): 368-394.

PENNINGTON J, SOCHER R, MANNING C. Glove: global vectors for word representation [C]//Moschitti A, Pang B, Daelemans W. Proceedings of the 2014 Conference on Empirical Methods in Natural Language Processing (EMNLP). Doha, Qatar: Association for Computational Linguistics, 2014: 1532-1543.

PETERS M, NEUMANN M, IYYER M, et al. Deep contextualized word representations [C]//Walker M, Ji H, Stent A. Proceedings of the 2018 Conference of the North American Chapter of the Association for Computational Linguistics: Human Language Technologies. New Orleans, Louisiana: Association for Computational Linguistics, 2018: 2227-2237.

RADFORD, A. Improving language understanding by generative pre-training[CP/OL]. 2018. https://cdn.openai.com/research-covers/language-unsupervised/language_ understanding_paper.pdf.

RADFORD A, WU J, CHILD R, et al. Language models are unsupervised multitask learners[CP/OL]. 2019. https://cdn.openai.com/better-language-models/language_ models_are_unsupervised_multitask_learners.pdf.

SHAFAEI-BAJESTAN E, PETER U, HARALD B. Making sense of spoken plurals [J]. The Mental Lexicon, 2022, 17(3): 337-367.

SHEN T, BAAYEN H. Adjective-noun compounds in Mandarin: a study on productivity [J]. Corpus Linguistics and Linguistic Theory, 2022a, 18(3): 543-572.

SHEN T, BAAYEN H. Productivity and semantic transparency: an exploration of word formation in Mandarin Chinese [J]. The Mental Lexicon, 2022b, 17(3): 458-479.

STRANG, G. Introduction to linear algebra (*5th edition*) [M]. Verlag: Wellesley-Cambridge Press, 2016.

STUPAK I, BAAYEN H. An inquiry into the semantic transparency and productivity of German particle verbs and derivational affixation [J]. The Mental Lexicon, 2022, 17(3): 422-457.

YANG Y, BAAYEN H. Comparing the semantic structures of lexicon of Mandarin and English [J]. Language and Cognition, 2024.

车万翔, 郭江, 崔一鸣. 自然语言处理：基于预训练模型的方法[M]. 北京：电子工业出版社，2021.

刘海涛. 数据驱动的应用语言学研究[J]. 现代外语，2021，（4）：462-469.

陆晓蕾，王凡柯. 计算语言学中的重要术语——词向量[J]. 中国科技术语，2020，

（3）：24-32.

施建军，刘磊，周瓴. 基于词向量的汉日通用汉字词语义计量研究方法探索[J]. 外语教学理论与实践，2023，（1）：18-36.

施建军，周瓴. 基于词向量的汉语"N 的 V"结构研究——兼与日语[N の V]结构比较[J]. 外语电化教学，2023，（2）：71-77.

吴淑琼，江艳艳. 历时认知语言学的语料库量化研究方法[J]. 外语教学，2023，（6）：8-15.

许家金. 多因素语境共选：语料库语言学新进展[J]. 外语与外语教学，2020，（3）：1-10.

通信地址： Schwabstr. 4, 72074, Tuebingen, Germany

《促进写作发展的语料库语言学：研究指南》述评

北京航空航天大学　刘晨颖

Philip Durrant. 2023. *Corpus Linguistics for Writing Development: A Guide for Research*. New York: Routledge. ix + 183pp.

1　引言

随着计算机技术的蓬勃发展，语料库语言学逐渐成为语言研究中的一种重要方法，并广泛应用于词汇学、语法学、语言习得、翻译学等领域。在写作研究方面，语料库语言学也展现出了巨大潜力。传统的写作研究往往依赖于小规模的文本样本和主观分析，而语料库语言学方法则能够处理大规模的语言数据，通过客观的统计分析揭示写作发展的规律。近年来，研究者们日益关注语料库在写作研究中的应用，并从多个角度开展相关研究。例如，通过自建语料库，考察英语研究论文中元话语动词构型（metadiscursive verb patterns，简称 MVPs）在 4 个学科领域中的变异情况（Chen & Xu 2022）；基于自然语言处理技术、语料库语言学技术和学术话语分析框架，对应用型硬学科英文研究论文语篇内部差异开展多维度分析（闫鹏飞、梁茂成 2022）；通过自建应用语言学学术英语论文语料库，对比分析应用语言学领域中外学者国际期刊论文中四词词块的使用特征（李燕、姜峰 2023）等。这些研究表明，语料库方法不仅能够提供丰富的写作研究数据，还能为写作教学和评估提供科学依据。

劳特利奇语料库语言学系列丛书正是在这一背景下应运而生。该系列旨在为语料库语言学方法在不同语言学领域的应用提供具体且操作性强的实践指南。2023 年，该系列推出了由 Philip Durrant 编著的《促进写作发展的语料库语言学：研究指南》一书。Durrant 尝试将语料库语言学的方法和技术应用于写作发展研究中，以期帮助学习者提高写作能力和水平。该书从词汇、语法及程式语的使用出发，回顾了一系列用于研究写作发展的语料库技术及其方法论基础，探讨了语料库研究对写作发展及教学实践的帮助作用，并指导读者使用 R 开源编程语言对学习者写作进行分析。书中不仅包含理论探讨，每一章还提供了具体实例和操作指南，为学习者提供了系统且详细的学习路径。

总体而言，该书面向新手研究者，为母语或二语写作、语言评估及学习者语料库等研究领域提供了参考指南及教学材料。全书共 8 章，分为 4 个部分。本文将首先简要介绍各章内容，继而展开评述。

2 内容简介

第一部分"基础"（第 1—2 章）属于全书的介绍及准备部分，首先为其他 3 个部分的分析与操作奠定了理论和方法论基础。第 1 章首先阐述了语料库研究对写作发展提出的两大核心问题，其次概括了使用语料库方法研究学习者写作带来的实质性好处及不可避免的局限性，最后总结了该书的写作思路及内容安排，为读者提供了清晰的导读框架。第 2 章首先解释了选择 R 语言的原因及其优势，强调 R 不仅整合了语料库研究相关的功能，还整合了可视化和统计分析功能，从而构建了一个连贯完整的研究体系。其次，介绍了 R 和 R Studio 的下载及安装方法，并简单指导了控制台和脚本、向量以及函数的使用原理和方法。接着，介绍了语料库中编码、标记、标注及元信息的相关概念，并简要介绍了该书将使用的两个语料库，即研究儿童写作的语法成长语料库（GIG Corpus）和研究大学生学术写作的英国学术书面英语语料库（BAWE Corpus）。最后，描述了如何使用斯坦福 CoreNLP 程序自动补充语料库中单词词性及句法关系的相关信息，为读者提供了实际操作的指南。

第二到第四部分构成了全书的主体，分别探讨了写作发展中对词汇、语法及程式语的理解和运用。

词汇多样性和词汇复杂度是衡量写作能力的重要指标。词汇多样性反映了写作者使用不同词汇的能力，而词汇复杂度则体现了写作者使用高级词汇和专业术语的水平。在二语写作中，词汇多样性和词汇复杂度的发展通常是写作能力提高的重要标志。第二部分"研究写作发展中的词汇"（第 3—4 章）从词汇的角度探讨写作发展，考察不同词汇的使用数量（词汇多样性）及被使用词汇的性质（词汇复杂度）。第 3 章首先简要讨论词汇发展理论，并描述关于词汇知识概念的思考方式。其次，介绍测量词汇多样性的方法，包括经典的类符形符比（TTR）及文本长度标准化，以及两个在写作发展研究中颇受欢迎的指标：D 和文本词汇多样性的测量。接着，作者介绍了测量词汇复杂性的方法，包括测量文本中单词的平均长度、计算词频、语域适当性的测量（Durrant & Brenchley 2019；Durrant & Durrant 2022）、语境区别性的判断（Kyle 2020）、基于词义主观感知的语义测量及基于语言整体关系的语义测量。最后，从词汇多样性的角度探讨了研究者可能面临的问题，包括如何定义并区分单词、形符及类符，如何选择合适的参照语料库，如何看待词汇多样性测量与词汇复杂性测量之间的关系，以及如何理解词汇知识深度。第 4 章展示了如何将第 3 章介绍的测量词汇多样性和词汇复杂性的方法应用到真实的学习者写作语料库研究中。作者首先展示了如何使用 R 语言分析两种不同类型的词汇。其次展示了如何使用 CTTR 测量 GIG 语料库中的词汇多样性，研究步骤可概括为：获取元信息及语料库文件名；创建新的向量并计算 CTTR 分数；将分数添加至元信息中；将元信息与每个文本的 CTTR 值相结合；测量词汇多样性。接着，作者介绍了两个重要的技术，即处理带有词性标注的语料库技术和整合外部参考源信息技术。最后选取了 Gardner & Davies（2014）创建的学术词汇列表（AVL）作为特定参考源，跟踪学术词汇在学习者水平和文本类型中使用数量的变化情况，并对使用情况进行可视化分析。第四章通过具体实例和操作步骤，为读者提供了使用 R 语言进行词汇分析的有效指导和参考。

语法研究在写作发展研究中占据重要地位。语法不仅是语言结构的基础，也是表达复杂思想和逻辑的工具。通过分析语法特征，研究者能够更深入地了解学习者在写作中如何组织和表达思想。特别是在学术写作中，语法的准确性和复杂度往往直接影响到学术写作的质量和效果。

第三部分"研究写作发展中的语法"（第 5—6 章）从语法的角度探讨写作发展，旨在帮助学习者理解写作中的语法并培养语法研究的实践技能。第 5 章首先简要阐述了一些广义的语法研究原则，主要聚焦于 3 个问题：如何选择合适的语法模式？如何确定具体的语法特征进行研究？如何合理解释这些特征？其次，详细介绍了 3 种研究语法的方法，包括基于语法复杂性的方法、基于多维度分析的方法、基于语言使用模型的方法。然后，解释了这 3 种方法如何基于不同的语法模式来分析写作发展的不同方面。最后，揭示了自动句法分析的发展如何有助于解决语法研究中的一些问题与挑战。第 6 章展示了如何使用先进的自然语言处理工具进行语法分析。斯坦福 CoreNLP 程序作为一种功能强大的语言分析工具，可以自动标注语料库中的词性结构和句法结构，不仅提高了语料库分析的效率，也为大规模语法研究提供了可能。第 6 章首先回顾了如何使用斯坦福 CoreNLP 程序（Manning *et al.* 2014）创建句法标注语料库，并简单介绍了其工作原理及输出结果。接着，讨论了评估自动标注准确性的基本原则。这些原则可分为两种情况：一是将人工标注结果与自动标注结果进行比较，通过考察两种结果的不对齐情况来识别错误；二是手动检查已标注实例来识别错误。接着，借助来自 GIG 语料库的项目数据详细说明了评估和修正标注准确性的基本步骤，具体步骤包括：手动标注文本样本；获取元信息和文件名；识别形容词数量；识别真阳性、假阳性和假阴性；计算准确率和召回率；识别人工标注和计算机句法分析的匹配度和差异；识别并修正句法分析中的错误。最后，探讨了如何运用语法特征分析写作发展，包括统计文本中的某个特征及对学习者群体的差异进行可视化分析。通过实际操作和实例分析，读者可以学习如何评估和修正自动标注的结果，从而提高语法分析的准确性。

第四部分"研究写作发展中的程式语"（第 7—8 章）聚焦于写作发展研究中的一个新兴领域——程式语研究。程式语不仅包括固定的词组和搭配，还涉及语言使用的习惯和模式。通过研究程式语，研究者可以更好地了解学习者在写作中如何使用语言来表达固定的意义和功能。程式语研究对提高写作的流畅度和自然度具有重要意义。第 7 章首先阐述了程式语在写作发展领域引起关注和兴趣的原因，并对程式语的定义做出了解读。接着，阐述了识别学习者语料库中程式语的两种方法：第一种方法使用来自学习者语料库或参考语料库的频率数据，将序列识别为程式；第二种方法依赖于研究者的直觉或判断。最后，将写作发展中的程式语研究细分为两种类型：词块研究和搭配研究，并揭示了这两种研究可能涉及的问题、解决方法及未来研究方向。第 7 章的内容展示了如何识别和分析学习者写作中的程式语，这不仅有助于理解学习者的语言使用习惯，还可以辅助教师在写作教学中提供有针对性的指导。第 8 章旨在量化学习者语料库中学术搭配的使用情况，是全书技术性和操作性最强的一章。作者首先指出，本章最具挑战性的任务是创建自己的学术搭配列表，即确定哪些动词＋名词组合在 BAWE 语料库中满足特定的频率阈值并认定为学术搭配。研究步骤包括：编辑句法分析语料库；识别动词＋名词搭配组合；获取每个组合的频率和 MI 得分；创建动词＋名词学术搭配列表。接着，探讨了如何量化不同学习者群体对学术搭配的使用，研究步骤包括：将学习者语料库的格式与参考语料库的格式对齐；创建每个学习者文本的动词＋名词组合列表；确定这些列表与之前创建的学术搭配列表之间的重叠部分。作者最后强调，该书仅关注了动词＋名词的搭配组合，但通过改写脚本可以将分析扩展到其他类型的搭配组合。通过创建学术搭配列表并分析不同学习者群体的使用情况，可以揭示出学习者在学术写作中的语言发展特点。这对于评估学习者的语言能力和制定有效的教学策略具有重要参考价值。

3　简要评价

《促进写作发展的语料库语言学：研究指南》借鉴了语料库语言学的方法，从词汇、语法和程式语角度探讨了母语和二语学习者的写作发展，并指导读者使用 R 语言对学习者语料库进行分析。下文将总结该书的优势及不足，并为未来研究提出建议和方向。

从选题来看，该书聚焦于写作发展这一热点话题，结合语料库语言学中的热门技术，为致力于研究学习者语料库、语言评估、母语或二语写作发展的读者提供了实用性较强的研究指南。书中详细介绍了各种分析方法和技术，特别是对 R 语言的使用进行了全面介绍，这为希望掌握数据分析技能的读者提供了宝贵的学习资源。

从具体内容来看，该书采用理论与实践相结合的写作模式。理论基础上，作者选取词汇、语法和程式语 3 个主题，阐述了基本概念及研究原则，为读者补充了相关的理论知识。实践操作上，书中的偶数章节（即第 2、4、6 和 8 章）指导读者通过演示 R 脚本分析学习者写作，帮助读者了解并掌握运用 R 进行数据分析和可视化分析的相关技能。这种理论与实践相结合的写作方式，可以帮助读者在掌握理论知识的基础上，在实际应用中加深理解和认识。

从写作结构来看，该书结构完整、逻辑清晰，章节间联系紧密、可读性强。每一章的结论部分包括本章的重点总结、下一章的研究话题、未来研究的方向及其他补充文献资料。作者还推荐了阅读顺序或需要回顾的章节，便于读者理解和学习。这种清晰的结构设计，有助于读者系统地学习和理解书中的内容。

此外，该书还强调了跨学科研究的重要性，具有创新性和前瞻性。该书指出，写作发展研究不仅依赖于语言学的理论和方法，还需要心理学、教育学和统计学等多学科的支持。通过跨学科合作，研究者能够更加全面深入地理解写作发展的复杂过程。这一观点对未来研究具有重要的指导意义，不仅拓宽了研究的视野和范围，还为研究者提供了新的研究思路和方向。

尽管《促进写作发展的语料库语言学：研究指南》具有诸多优点，但也存在一些不足之处。首先，该书在理论基础部分有所欠缺。作者忽视了母语背景对写作发展的影响，母语写作与二语写作发展之间的区别值得进一步探讨。不同的母语背景可能会导致学习者在词汇、语法和程式语使用上的差异，该方面的研究需要进一步深入探讨。其次，该书在内容设置上具有局限性。作者在主体部分仅聚焦词汇、语法和程式语三个主题，而忽略了句法特征的研究。句法特征在写作中同样发挥着重要作用，未来研究可以考虑从句法特征角度探讨写作发展，并探索如何运用 R 语言来测量句法特征。此外，该书在实践操作部分提供的说明较为简略，对于初学者来说可能较为晦涩。虽然书中介绍了 R 语言的使用方法，但对于完全没有编程背景的读者来说，理解和操作可能仍然存在困难。因此，未来研究可以考虑提供更加清晰详细的 R 程序截图和操作步骤，使这部分内容更具有参考价值。

基于以上优势和不足，未来研究可以在以下几个方面进行改进和扩展。第一，未来研究可以聚焦于不同文化背景下的写作发展，探讨文化因素对写作发展的影响。文化背景对语言使用和写作风格影响深远。通过比较不同文化背景下学习者的写作情况，可以揭示文化因素在写作发展中的作用，从而为跨文化写作教学提供有价值的参考。第二，未来研究可以聚焦于写作发展的个体差异，探讨不同学习者在写作发展中的不同表现及原因。通过分析学习者的个体差异，可以更有针对性地制定教学策略，帮助每个学习者实现最佳的写作发展。第三，未来研究可以扩展到句法特征的分析。通过分析学习者在句法使用上的变化，可以更全面地了解他们写作能力的发展情况。使用 R 语言进行句法分析，不仅能提高分析的质量和效率，还能为写作发展研究提供新的方法和工具。第四，未来研究可以进一步探索语料库方法在其他跨学科领域的应用。结合目前发展趋势，语料库方法在人工智能领域具有广泛的应用前景，例如机器学习、情感分析、作文自动评分和语音识别等方面。通过跨学科领域的应用，可以拓展语料库语言学的研究范围，发现新的研究问题和应用场景。第五，未来研究可以考虑开发更加友好的语料库分析工具和学习资源，降低初学者和零基础者的学习门槛和难度。同时，可以考虑增设交互性功能，例如在线练习、即时反馈和案例分析，帮助学习者在实践中巩固理论知识，还可以开发多语言支持和跨平台兼容的版本，使不同背景和需求的学习者从中受益，从而为语料库语言学的发展注入新的活力。

总体而言，《促进写作发展的语料库语言学：研究指南》是一本内容丰富、操作性强、理论与实践相结合的研究指南。无论是对于新手研究者还是经验丰富的学者，这本书都具有很高的参考价值和实用价值。通过学习和应用本书，读者不仅可以提升自己的写作研究能力，还可以为写作教学和评估提供新的思路和方法。未来研究可以在此基础上，探索更多的研究方向和应用领域，为写作发展研究作出更大的贡献。

参考文献

CHEN S, XU J. Interdisciplinary variations of metadiscursive verb patterns in English research articles [J]. International Journal of Applied Linguistics, 2023, 34(2): 1-18.

DURRANT P, BRENCHLEY M. Development of vocabulary sophistication across genres in English children's writing [J]. Reading and Writing, 2019, 32(8): 1927-1953.

DURRANT P, DURRANT A. Appropriateness as an aspect of lexical richness: what do quantitative measures tell us about children's writing? [J]. Assessing Writing, 2022, 51: 1-19.

GARDNER D, DAVIES M. A new academic vocabulary list [J]. Applied Linguistics, 2014, 35(3): 305-327.

KYLE K. Measuring lexical richness [C]//WEBB S. The Routledge handbook of vocabulary studies. London: Routledge, 2020: 454-476.

MANNING C, SURDEANU M, BAUER J, et al. The Stanford CoreNLP natural language processing toolkit [C]//Bontcheva K, Zhu J. Proceedings of the 52nd Annual Meeting of the Association for Computational Linguistics: System Demonstrations. Baltimore, Maryland: Association for Computational Linguistics, 2014: 55-60.

李燕，姜峰. 中外学者英语学术语篇词块使用的共性与特性[J]. 外语教学，2023，（5）：41-46.

闫鹏飞，梁茂成. 英文研究论文语篇内部差异的多维度分析[J]. 外语教学与研究，2022，（6）：852-863.

通信地址： 100191　北京市　北京航空航天大学外国语学院

《词汇变异与变化：分布语义路径》述评

北京外国语大学 田嘉茜

Dirk Geeraerts, Dirk Speelman, Kris Heylen, Mariana Montes, Stefano De Pascale, Karlien Franco, Michael Lang. 2024. *Lexical Variation and Change: A Distributional Semantic Approach*. Oxford: Oxford University Press. xviii + 317pp.

1 引言

《词汇变异与变化：分布语义路径》是针对词语变异和词汇演变的一项系统研究。主要聚焦一形多义（semasiology）、一义多形（onomasiology）及方语变异（lectal variation）三大研究主题，旨在探索一种基于分布（distribution）与词例云图（token clouds）的词汇研究路径。该路径继承分布语义学中词汇意义源自语境的观点，依从 Firth（1957：11）的"识词于其所友"思想，将词汇间的共现关系作为理解其语义的重要依据。本研究以当代分布语义学为理论框架，结合当前计算技术迅猛发展的背景，介绍了前沿的工具和算法，通过共现信息计算不同词汇在语境中的分布相似性，探索词汇形式与其意义之间的动态关系。

本研究的学术贡献表现在创新性地将分布语义方法、词汇计量学和社会语言学结合在一起，构建出精细的分布语义分析模型，展示词汇使用和变化的演变过程。本书由 Dirk Geeraerts 为代表的鲁汶大学定量词汇学与变异语言学研究小组（Quantitative Lexicology and Variational Linguistics，简称 QLVL）集体合著，2024 年正式出版。

2 内容简介

本书共计 10 章，分五个部分，每部分各两章。第一部分（第 1、2 章）为理论预备，介绍本研究的描述性框架和分布语义学的一些基础概念；第二部分（第 3、4 章）为研究方法论，探讨了分布语义分析方法的工作流程及其可视化工具；第三部分（第 5、6 章）为案例分析，演示了分布式方法在"一形多义"和"一义多形"研究中的实际应用；第四部分（第 7、8 章）再次聚焦研究方法论，探讨语言变体的计量公式与实际操作方法；第五部分（第 9、10 章）回归案例分析，从历时和共时角度分别呈现语言的变化与变异。本研究主体是沿着方法论维度和实证描述维度交织开展，即第 3、4 章和 7、8 章先行讨论方法论，第 5、6 章和 9、10 章开展个案实证研究。

第一部分为基础理论，以便读者厘清基本概念。由形到义，也就是从词形出发描绘可能出现的各种含义，这种探索被称之为一形多义，比如 fruit 这样的多义词（polysemy）；由义到形，即以概念为起点研究如何实现表达形式上的多样性，这种探索被称为一义多形，比如 trousers、pants 这样的近义词（synonymy）。除了语言的形式与意义之间存在的联系，该书还特别关注语言变体，如方言、语域等，这些核心概念间的相互作用直接对应该研究所建立的关键框架："词位–词义–变体三角"（lexeme-lection-lect triangle），用以探索如何使用计量方法系统分析语言变异。分布语义学研究认为，词汇在上下文中的分布揭示了其含义，因而可以通过建模来计算和展示词汇的语义分布模式。本书正是聚焦探讨这种基于词例（token-based）的方法。

第 1 章通过介绍词汇变异研究的主要视角、基本框架和关键概念，奠定了整本书的理论基础，同时纳入认知社会语言学框架，形成对词汇研究的新视角。第 2 章重点解释了分布语义的基本要素，涉及语境分析、聚类分析等概念。本章比较了基于计数的（count-based）和基于预测的（prediction-based）两种分布语义学方法。前者根据计算词汇在上下文中的共现频率来推断语义相似度，后者则是使用更为复杂的神经网络结构，利用上下文词来预测某个词的出现，如最为熟知的 Word2Vec 技术可以通过上下文生成单一静态词嵌入，或较新的 BERT 模型动态生成词嵌入，以捕捉词汇的多义性。虽然在计算语言学领域，基于预测的模型更为流行，但本书选择了基于计数的模型，这是因为该方法更具有透明性、解释性和操控性，有利于深入理解模型的运作机制。本章通过多个细致案例介绍语义核心概念。例如，借助"背心"（vest）一词的量化特征及其组合频率，识别构成语义类别核心区域的特征组合；通过设计毕加索的社交多维矩阵，计算不同场景之间的相似性；探讨特定语境下具有隐喻功能的表述（如 Send in the clowns.）如何呈现语义的多义性、不确定性及其动态变化性。读者可以通过这些生动的案例和图示进一步加深对分布语义的认识。本章的讨论为读者提供了一套分析工具，以用于应对语义学研究中复杂多变的意义问题，并为后续章节的深入探讨奠定了基础。

第二部分谈方法论。第 3 章是分布语义模型的构建流程和参数选择，可概括为三大核心环节。一是通过将词汇及其上下文转换为数学向量，逐步计算构建第一阶向量、第二阶向量和距离矩阵，来计算语义相似度并聚类，进而发现数据中的语义结构，并通过降维呈现可视化结果。二是提高模型的精准性和有效性，也就是在构建分布语义模型时要通过数学和统计方法来处理数据、选择并设置参数，如词袋模型（bag-of-words model）参数、关联强度参数、二阶参数等。三是确定关键参数及其可选值，包括窗口大小（window size）、频率过滤器（frequency filter）、词性过滤器（part-of-speech filter）、词形还原（lemmatization）、句子边界（sentence boundary filter）、词袋模型、点互信息（pointwise mutual information）等。基于词语的分布语义模型本身结构复杂、内容丰富，涉及决策环节较多。通过本章全面的参数设置指导和步骤指南，读者可以掌握：（1）如何通过数学和统计手段将语言数据转化为语义向量空间模型；（2）如何通过选择最适合的配置，提取有意义的目标语义信息。

第4章讨论高维分布语义数据的降维处理和展示。由于分布语义模型通常是通过高维向量表示的，理解和解释这些数据就需要使用降维技术和可视化工具。在本章中，读者可以看到大量可视化展示，如热力图（heatmaps）、散点图（scatterplots）等，这些工具可以直观展示如何通过降维算法［如多维尺度分析（MDS）、t-SNE和UMAP］处理和解释高维语义数据，以及如何理解和应用基于词语的分布语义模型的视觉分析技术。此外，本章还讨论了多个模型之间的差异处理，如怎样使用聚类算法选择代表性模型，以及两个可视化工具NephoVis和ShinyApp如何帮助研究者进一步分析这些数据。

第三部分描述案例分析。第5章的主题是"理解分布语义"。本章从信息类型、语义异质性（semantic heterogeneity）和语义概貌（semantic profiling）等不同视角来探讨分布语义的理解方式。本章的核心在于展示不同的分布语义技术和分析方法如何助力于理解词汇的语义变化及其复杂性。例如条件推断树（conditional inference trees）和随机森林（random forests）模型能够预测语义模型之间的距离，评估不同参数设置对模型表现的影响；通过展示不同的词汇、语料和分析方法对结果的影响，证明了作者的"没有一个参数设置可以适用于所有情况"这一观点。另外要特别关注语义异质性现象和词例聚类云。前者指通过分析词例的分布模式发现语境中混合的不同词义，比如荷兰语heilzaam（健康的/有益的）的字面义和隐喻义在不同的语境中交织出现，无法根据上下文和常见搭配形成显著的分布模式，折射出模型在区分多义词时的局限性。词例聚类云是通过计算词例在语料库中的上下文语义相似度生成的云状聚类，它们会出现不同形状，一是取决于上下文词汇的发生频率及独特性，二是聚类匹配的是词语共现模式，不一定与词典中的释义一致。

第6章讨论如何使用向量空间模型描述不同词汇之间的语义关系，以及这些语义关系结构的历时演变。本章围绕荷兰语中表示"毁灭"的两个近义词vernielen和vernietigen展开探讨。作者首先比较其现代用法与19世纪的用法，发现较之19世纪的用法，这两个词在现代语料中逐渐分化出更加鲜明的语义核心，互换性减弱。其次，作者针对这两个词的使用情况进行跨度为5个世纪（16—20世纪）的历时研究。结果表明，随着时间推移，vernielen一词逐渐多用于物理损毁，而vernietigen一词则是逐渐专用于抽象概念的摧毁。这一过程可以视为语义变化与词汇选择变化相互作用的结果：两个词在词义上的演变渐次进行，在用法上均细化出各不相同的语义核心。

　　以上两个部分（第3—6章）是从传统视角审视"词位-词义-变体三角"，描述其形式和意义的关联性。在接下来的两个部分（第7-10章）中，研究将逆转视角，将词汇变异作为一种社会语言学变量，探究不同语言变体的共时与历时关系。

　　第四部分转向语言变体计量学（lectometry）研究。这一部分内容基于聚合层级的距离计算（aggregate-level distance calculations），生成一义多形概貌（onomasiological profiles）。第7章聚焦测量语言变体之间的距离，从而进行定量分析。简而言之，就是通过词汇使用频率的分布来计算不同语言变体之间的距离。衡量语义空间距离的关键公式包括：计算不同语言变体在表达同一概念时词汇选择相似性的单一概念一致性公式、由此引出的平均一致性和加权平均一致性公式，以及针对不同维度下表达差异的城市街区距离公式等等。本章还进一步探讨了语言变体的标准化（standardization）和去标准化（destandardization）现象。通过对比本土荷兰语和比利时荷兰语的大量语言数据，研究发现，随着时间推移，比利时荷兰语逐渐发展出自己的特征，表现出更多的独立性，呈现出去标准化的趋势；而荷兰本土荷兰语的语言变体之间差异逐渐减少，呈现出较为明显的标准化过程。本章研究与Grieve（2016）团队识别词汇变体的方法较为相似，然而，相较于后者，本研究试图涵盖更广泛的变体维度，在计算中引入历时变化和社会阶层等因素，侧重分析社会语境下语言的变化，相比传统变体（方言）计量学中的地理语言学在方向上有所偏移。

　　第8章提出了基于分布语义的研究流程。该流程解决了语义消歧问题，同时满足规模大小、系统性和代表性三方面的要求，还详细展示了如何通过聚类方法识别同义词组的一义多形概貌。本章重点介绍的是一种结合词汇变体与语义聚类的流程，分步骤实施，从初始的同义词选择到模型参数调整，再到细化概况和选择优化模型，具体涉及以下步骤：如何选择近义词作为后续分布语义分析的基础，以确保所选择的词汇能覆盖多样的变体，并能代表不同的语义变异；如何使用不同的参数组合来创建多个模型，并找出最能反映语义变化的模型；如何针对模型做进一步微调；如何通过自动或半自动的方法，筛选出最能代表目标概念的词例，进而确保留下来的标记能够准确地代表目标语义；如何在后续对模型进行剪枝时，识别并移除不符合目标语义的聚类，从而确保模型质量及后续的变体计算更加准确。最后，作者利用这些模型得出的语义空间来进行量化讨论，评估不同语言变体之间的距离，分析它们在使用近义词时的差异。

　　第五部分回归案例分析，从历时和共时角度分别呈现语言的变化与变异。第9章将前面章节介绍的语言变体计量分析方法在更大范围内付诸实践，探讨荷兰与比利时两个国家的荷兰语变体在书面语中（去）标准化的动态过程。本章的核心目标是利用大规模数据和自动化分析工具，重新审视先前基于小规模数据集的研究结论。作者将3个（去）标准化维度［等级性（去）标准化、（非）正式化、（去）同质化］应用于来自荷兰和比利时的多个子语料库，总计包含约1.61亿词。通过对比两国在不同时期的书面语用法，研究聚焦不同语义场中的等级性（去）标准化动态过程，研究了正式语体与非正式语体之间的趋同与分化。通过构建多个模型，本研究旨在揭示不同地域间的标准化或去标准化趋势，比较正式化与非正式化的语言特征，进一步探讨语言变体内部是否发生异质化。

第 10 章聚焦量化的分布语义学分析，对西班牙语这一多中心语言（pluricentric language）的复杂性进行测量研究，包括不同国家语言变体之间的差异和关联。本研究选用超过 20 亿词的西班牙语语料库 Corpus del Español，对其中 6 个国家（阿根廷、哥伦比亚、墨西哥、秘鲁、西班牙和美国）的西班牙语变体进行分析。本章加入非度量多维尺度（non-metric multidimensional scaling）方法，通过量化模型评估这些国家在词汇使用上的异同。例如，研究发现，阿根廷和西班牙的语言变体显示出明显的独特性，墨西哥的语言变体在美洲范围内起到中心作用，显示出更大的影响力。结合语言学文献中的多中心语言理论，这项考量周全的社会变体（方言）计量研究，或将带领词汇学向前迈进一大步，深入到词汇结构的基础层面，包括维系整个词汇系统概念组织与再组织的认知原则，以及塑造词汇演变的社会与文化力量。

3　简评

该书是语言学理论探索和词汇实证研究相结合的产物，反映了以 Geeraerts 为首的鲁汶大学科研团队近半个世纪探索的最新成果（Geeraerts 2006，2010，2017，2018）。

比利时鲁汶大学定量词汇学与变异语言学研究小组（QLVL）的科研活动始于 2000 年。QLVL 研究小组以 Geeraerts 的科学研究为学术引领，与同事 Speelman 有密切合作，该团队聚集了 Geeraerts 门下一众出类拔萃的博士研究生。Geeraerts 在词汇变化和变异领域的研究可以追溯 20 年前，他在认知语言学、词汇学和词汇语义学、荷兰语研究领域的开拓性研究，不仅与词汇变异密切相关，也与他采取系统论思想进行语言学理论整合，以基于用例为根本路径进行语料库语言学建模分析，并开发利用现代语言计算技术相辅相成。

具体而言，Geeraerts 的词汇变异构造研究的项目规划和研发充分利用量化统计手段，进行基于语料库的数据分析，聚焦形–义、义–形和方言变异，理清其间复杂的相互作用。从根本上讲，一形多义和一义多形研究的区别更多是视角上的差异，就语言符号的形式和内容之间的关系而言，一形多义研究是从形式一面来看内容（例如一个给定的符号可用以表达哪些意思），一义多形研究则是反过来（例如哪些形式可用于表达一个给定的意思）。典型情况下，前者所关注的是多义性，而后者关注的则是同义性。关于词汇变异构造模型的充分表述可参见 Geeraerts *et al.*（1994）的专著《词汇变异的构造：意义、命名及语境》。词汇的变异是指词汇在形和义的诸多方面会发生一些细小改变，这种改变存在必然性：形义上的变异不仅涉及多义性，还必须考虑到各个含义基于原型的内在结构也会改变；如果原型理论的突显效果对形义研究有影响，基于用例的形义研究就仍然是一个有待深入探索的领域；想要充分阐释词汇变异，就必然要增加变体视角，这一点对于厘清形义研究和义形研究之间的相互作用至关重要。

上述研究框架的建立建基于 Geeraerts 原创性的理论贡献和对变异维度的构建。其实施和完成则得益于由他一手创立的研究团队长期系统性的探索。在 Geeraerts 于 1986 年入职比利时鲁汶大学语言学系时，该系就以团队合作闻名于世，实行以"实验室"为基础的工作模式。定量词汇学与变异语言学研究小组的建立正是基于这一团队模式，其大获成功也为语言学界其他科研团队的建设树立了良好范式。

Geeraerts（1985）的词汇变异研究可追溯至 20 世纪 80 年代初。他的专著《范式与悖论：意义的聚合理论及其认识论背景探析》实际上是其荷兰语博士论文（1981）的英文版。他当时开展研究时恰逢认知语言学兴起，受心理语言学影响，原型理论给 20 世纪 80 年代的语义学带来巨大冲击，强调突显效应与意义描写存在关联性。Geeraerts 的研究探讨了范畴化的原型理论模型针对语言学研究的种种可能性，是欧洲地区在这方面的最早探索（Geeraerts 1997）。他的后续研究进一步显示，基于原型的语义灵便性从根本上讲是激进的，这也就破坏了区分模糊和歧义的稳定性。再后来的研究涉及探索多义性结构的诸多方面并将原型性应用于各种类型的语言范畴（Geeraerts 2010，2017）。这一时期他的工作重心主要是将原型理论应用于研究意义变化和词典编纂。正是始于意义研究和词典编纂，使得他的探索研究能够与认知语言学、基于用例的研究路径、以及语料库语言学、统计学回归分析等相兼容，并进一步加以整合，从而形成了词汇变异和变化研究的综合观，形成了基于实证研究方法论的技术路线。

正如作者在结论部分强调，本研究在认识论上的根本问题是：意义是否属于一元现象（unitary phenomenon）？整个词汇语义学研究领域在当下的情形，可以描绘为两种模式间的不确定性：如果认为意义是一元现象，本研究所采取的方法就是对词汇意义不同侧面的探究，但如果认为意义不是一元的，探究的结果就可能是不同现象的集合。对这一根本认识论问题的回答是开放性的，因此针对意义的研究还有待进一步深入探究。

参考文献

FIRTH J. A synopsis of linguistic theory, 1930-1955 [C]//FIRTH J. Studies in linguistic analysis. Oxford: Blackwell, 1957: 1-32.

GEERAERTS D. Paradigm and paradox: explorations into a paradigmatic theory of meaning and its epistemological background [M]. Leuven: Universitaire Pers, 1985.

GEERAERTS D. Diachronic prototype semantics: a contribution to historical lexicology [M]. Oxford: Clarendon Press, 1997.

GEERAERTS D. Words and other wonders: papers on lexical and semantic topics [M]. Berlin: Mouton de Gruyter, 2006.

GEERAERTS D. Theories of lexical semantics [M]. Oxford: Oxford University Press, 2010.

GEERAERTS D. Conceptual structure and conceptual variation [M]. Shanghai: Shanghai Foreign Language Education Press, 2017.

GEERAERTS D. Ten lectures on cognitive sociolinguistics [M]. Leiden: Brill, 2018.

GEERAERTS D, GRONDELAERS S, BAKEMA P. The structure of lexical variation: meaning, naming, and context [M]. Berlin: Mouton de Gruyter, 1994.

GRIEVE J. Regional variation in written American English [M]. Cambridge: Cambridge University Press, 2016.

通信地址： 100089　北京市　北京外国语大学中国外语与教育研究中心

English abstracts of major articles

A collostructional analysis of English "Amplifier + ADJ" and their semantic interaction in academic writing

This paper explores the use of "amplifier+adjective" collostructions across disciplines based on the British Academic Written English Corpus (BAWE), analyzing the semantic interaction between amplifiers and their collocated adjectives. The research employs configural frequency analysis to examine frequency differences in amplifiers across disciplines and uses collostructional analysis to measure the strengths between amplifiers and their co-occurring adjectives. Correspondence analysis visualizes the semantic interaction of "amplifier+adjective." It finds that "amplifier+adjective" maintains consistency in academic English due to similar communicative intentions and collegiality within disciplinary communities. However, this bigram also diversifies to reflect specific epistemological modes and rhetoric strategies within their respective disciplines. This study reveals the use of "amplifier+adjective" in academic English, providing empirical support for their semantic interaction.

A local grammar of exemplification in Chinese academic discourse

Exemplification is crucial in academic discourse, particularly in argumentation. Local grammar, focusing on language observation and semantic description, is suitable for describing the semantic features of discourse acts, including exemplification. Current research on Chinese exemplifying language is limited to fragmented case studies, lacking systematic empirical investigations into its semantic features. This study describes the exemplification discourse act in Chinese research articles from a local grammar perspective. Results show that exemplification is frequently used in Chinese academic texts, with semantic regularities represented by 13 local grammar patterns. These patterns and their discourse functions have implications for teaching academic writing in Chinese as a foreign language.

On characteristics and causes of adverb use in academic Chinese by international students

.... *HANG Jianqin & ZHANG Mingyu* (32)

The ability of international students to express themselves in academic Chinese is crucial for their participation in academic research and reflects the "quality and efficiency" of their education. Using a self-built corpus of academic Chinese research articles, this study investigates the characteristics and causes of adverb use among international students. Data analysis showed significant differences from native speakers, with students heavily reliant on high-frequency and core adverbs to define the style of academic papers. Further corpus analysis revealed that students overuse degree adverbs to express positions, misapply adverbs in discourse connections, and rarely use adverbs expressing interpersonal interaction. The primary reasons include weak awareness of academic Chinese style, a lack of ability to distinguish synonymous adverbs, and insufficient depth in sentence expression. Additionally, some core adverbs belong to relatively complex vocabulary, challenging students' ability to express complex relationships in texts.

Exploration of a multidimensional English writing assessment model based on machine learning

.... *LI Yaowei & LI Liangyan* (52)

Automated writing evaluation (AWE) is extensively used in intelligent foreign language education. With advancements in language research theories and natural language processing technologies, new AWE models have emerged. However, many current models have been criticized for low interpretability, limited feature dimensions, or weak feature selection rationale. This study constructs an automated scoring model by incorporating multidimensional text complexity features and analyzing fine-grained text quality indicators to assess essay quality. Results show: (1) the model has a good fit and strong interpretability; (2) it demonstrates higher accuracy in grade prediction compared to previous models; and (3) key multidimensional text complexity indicators provide valuable insights for future research.

Discourse strategies in national image construction in public health broadcasting news

.... *YU Weiwei* (65)

This study applies the Discourse-Historical Approach (DHA) to analyze themes, intertextuality, and five discourse strategies in constructing national image in CGTN's public health news. By examining semantic collocations of keywords, it explores the functions and effects in China's national image construction. Themes include public health events, economy, reported speakers' identities, and engagement resources. The corpus primarily uses positive words to indicate self-attitude and includes quotes from both Chinese and foreign proverbs, laws, and regulations. Discourse strategies encompass nomination/referential strategies, predication strategies with adjectives and predicates, argumentation strategies involving influence and law, perspectivization strategies, and intensification/mitigation strategies. These contribute to constructing a positive image of China as a responsible country facing global health emergencies.

An accuracy analysis of the definite article in lexical bundles in Chinese EFL learners' essay writing

....*LIU Luda & JIANG Feng* (78)

Most previous research has examined erroneous uses of the definite article within noun phrases, with little known about its use in lexical bundles. Using the Ten-thousand English Compositions of Chinese Learners (TECCL Corpus), this study investigates the types of definite article errors in four-word lexical bundles in Chinese EFL learners' writing. Our findings reveal that omission errors are as the most frequent error type, occurring mostly in noun-phrase bundles containing of-phrase fragments. These findings may provide useful insights into the teaching and research of definite articles.

The vocabulary growth in Macao's Chinese media: A case study of *Macao Times*

.... *WANG Shan, CHEN Zhao & ZHANG Haodi* (91)

Vocabulary growth models can reflect the diachronic change of vocabulary in a certain field by fitting the quantitative relationship between word types and tokens. As a place of multilingual and multicultural integration, Macao's vocabulary use can reflect the focus of society, but there is no research on Macao's diachronic vocabulary growth. This paper constructed a diachronic corpus of Macao Chinese for the first time, used three vocabulary growth models to fit the vocabulary changes in the corpus, and selected the Heaps model with the best effect to further analyze the relationship between vocabulary change and newspaper content. The results reflect that the changing trend of Macao vocabulary is closely related to hot news, policy guidelines and people's livelihood. This research also used texts in random order after removing the timing information to verify the effectiveness of the method. This is the first study to investigate the evolution of Macao vocabulary based on a large-scale diachronic corpus, which is of great significance for the in-depth understanding of the development of Macao's language life.